有度

一切皆有法　一切皆有度

审判

[奥]
卡夫卡
著

姬健梅
译

北京大学出版社
PEKING UNIVERSITY PRESS

审判

目录 \CONTENTS

〇〇一 逮捕
〇二一 和古鲁巴赫太太及布斯特娜小姐的谈话
〇三九 初审
〇六一 在空荡荡的审讯室里／大学生／办事处
〇九三 打手
一〇三 叔叔／蕾妮
一三一 律师／厂主／画家
一九三 商人布罗克／解聘律师
二三三 在大教堂
二六三 结局

二七三 残稿
二七五 ○布斯特娜小姐的女友
二八五 ○检察官
二九三 ○去找艾尔莎
二九五 ○与副行长对抗
三〇〇 ○那栋屋子
三〇五 ○搭车去看母亲
三〇九 附录
三一一 ○《审判》波兰文版跋/布鲁诺·舒兹
三一八 ○《审判》手稿版后记/麦尔坎·帕斯里
三二五 导读
三二七 ○落后于时间/赵晓力
三四一 法兰兹·卡夫卡年表

逮捕

想必是有人陷害了约瑟夫·K，因为他并没有做什么坏事，一天早上却被捕了。房东古鲁巴赫太太的厨娘每天上午八点都会来给他送早餐，这一天却没有来。这种事还从未发生过。K又等了一会儿，靠在枕头上向外望去，看见住在对面的老太太带着一种对她来说颇不寻常的好奇在观察他。他觉得又气又饿，便按了铃。立刻有人敲门，一个男子走进来，是K在这幢公寓里还从未见过的人。这人瘦瘦的，但很结实，穿着一套合身的黑色西装，就像旅行服一样配有各种皱褶、口袋、扣环、钮扣和一条皮带，因此尽管不清楚这衣服有何用途，看起来却格外实用。“你是谁？”K问，随即在床上半坐起来。那男子却不理会这句问话，仿佛别人理应接受他的出现，只说：“你按铃了吗？”“安娜应该给我送早餐来。”K说。他随即聚精会神地打量起那人来，想弄清楚这男子到底是谁。但那人没有让他打量太久，便转身朝门口走去，把门打开了一点，对显然就站在门后的某个人说：“他想要安娜把他的早餐送来。”隔壁房间里响起一阵轻笑，从声音听不出来有几个人。尽管这个陌生男子不可能从这阵笑声中得知什么他先前不知道的事，此刻却还是用通报的语气向K说："这办不到。""这倒是件新鲜事，"K说着，从床上跳下来，迅速穿上长裤，"我倒要看看是什么人在隔壁房间里，看看古鲁巴赫太太对于这番打扰要怎么向我解释。"虽然他立刻想到他其实无须把这番话大声说出来，这样做几乎等于承认这个陌生人有权监视自己，但此刻这显得并不重要。无论如何，这个陌生人却是这样理解的，因为他说："你不觉得留在这儿比较好吗？""我不想留在这里，而在你没有做自我介绍之前，我也不想跟你说话。""我是好意。"陌生人说，并主动把门打开。

K走进隔壁房间，不自觉放慢脚步，乍看之下，隔壁房间里就跟前一天晚上几乎一模一样。那是古鲁巴赫太太的客厅，在这个摆满家具、地毯、瓷器和相片的房间里，今天或许比平常多了一点空间，但不是一眼就看得出来，而最主要的改变在于有一个男子在场，这更非一眼就看得出来。他坐在敞开的窗户旁，拿着一本书，此时把目光从书上抬起来。"你应该待在你的房间里！法兰兹难道没跟你说吗？""你们究竟有什么事？"K说着，看看刚认识的这个人，又看看还站在门里、被唤做法兰兹的那人，再把目光移回来。从敞开的窗户又能瞥见那个老太太，她带着老人特有的好奇走向这个房间对面的窗户，好继续观察这一切。"我可要去跟古鲁巴赫太太——”K说，他做了个动作，仿佛想要挣脱那两名男子，但他们站得离他很远。他想继续往前走。

“不，”窗边那人说，他把书扔在一张小桌子上，站了起来，“你不准走开，你被捕了。”“看来是如此，”K说，接着问道，“可是为什么呢？”“我们没有奉命来告诉你为什么。回你的房间去等着。反正司法程序已经展开，在适当的时候你就会知道一切。我这么和气地劝你其实超出了我的任务范围。而我希望除了法兰兹以外没有别人听到，他自己就违反了所有的规定而对你很友善。由我们来看守你算你运气好，如果你继续拥有这样的好运，那你就大可以放心了。”K想要坐下来，却发现在整个房间里，除了窗边那张椅子之外无处可坐。“你将会明白他说的全是真的。”法兰兹说，同时跟另外那人一起朝他走过来。另外那人比K高出许多，好几次拍他的肩膀。两人打量K的睡衣，说他现在得穿一件差得多的衣服，不过他们会替他保管这件睡衣和其他衣物，如果他的官司有好的结果，就会再还给他。“把东西交给我们要比送进保管处来得好，”他们说，“因为在保管处常常发生侵占事件，而且过了一段时间之后，他们就会把所有的东西都卖掉，不管相关的司法程序结束了没有。再说，这一类的官司不知道要拖多久！尤其是在最近。如果是那样，你最后当然会从保管处拿到变卖东西所得的钱，可是第一，这笔钱本来就很少，因为要卖给谁，并非取决于出价的高低，而是取决于贿款的多寡；第二，根据经验，当这些钱一年又一年地被传下去，经过一只又一只的手，就会越变越少。”

这番话K几乎没有理会，对于他也许还拥有的衣物支配权他不是那么在乎，弄清楚他的处境对他来说更为重要；可是当着这两个人，他甚至无法思考，第二个守卫——他们只可能是守卫——的肚子一再朝他撞过来，简直像在表示友好，而当他往上看，就看见一张跟这个肥胖的身体毫不相称的脸，又干又瘦，粗大的鼻子歪向一边，这张脸还越过他在向另一名守卫使眼色。这是些什么人？他们在说些什么？他们属于哪个机关？毕竟K生活在一个法治国家，处处祥和，所有的法律都屹立不倒，谁敢在他的住处侵犯他？他一向习惯尽可能轻松地看待一切，最坏的事情只有事到临头才相信，不去未雨绸缪，就算事情再紧迫也一样。然而此时他却觉得这种态度不正确，虽然可以把这整件事视为玩笑，是他银行的同事跟他开的一个低级玩笑，基于他所不知道的原因，也许因为今天是他三十岁的生日。这当然不无可能，也许他只需要以某种方式当面嘲笑这两个守卫，他们就会一起笑。也许他们是街角的杂役，看起来不无相似之处——尽管如此，这一回，几乎从第一眼看见守卫法兰兹开始，他就决心不放弃他在面对这些人时或许还拥有的一丝优势。倘若别人事后说他开不起玩笑，这在K看来也无关痛痒。他回忆起——尽管从经验中汲取教训本来不是他的习惯——在几个无足轻重的事件中，他不顾朋友们的劝阻，也毫不顾虑可能的后果，一意孤行，因此付出了惨重的代价。这种事情不能再发生了，至少这一次不能，如果这是桩恶作剧，那他也愿意一起玩玩。

他还是自由的。“对不起。”他说，匆匆从那两名守卫之间穿过去，走进他的房间。“他看起来还蛮明理的。”他听见背后有人这么说。一进房间他马上拉开书桌的抽屉，里面的东西摆得整整齐齐，偏偏他要找的身份证件却由于紧张而一时找不到。最后他找到了他的自行车执照，本想拿着这份证件去找那些守卫，可是他随即觉得这证件太微不足道了，便又继续翻，直到他找到了那张出生证明。等他再度回到隔壁房间，对面的门正好打开了，古鲁巴赫太太想要走进来。她只露了一下脸，因为她一看到K，显然就感到尴尬，道了声歉就溜走了，并且小心翼翼地把门关上。“你就进来吧。”K只来得及这么说。此刻他拿着证件站在房间中央，望着那扇没有再打开的门，直到守卫喊了他一声，他才吓得回过神来。他们坐在敞着的窗边那张小桌旁，此刻K发现他们正在享用他的早餐。“她为什么不进来？”K问。“不准她进来，”那个高大的守卫回答，“毕竟你被逮捕了。”“我怎么可能被逮捕了？而且还是以这种方式？”“你又来了，”那名守卫说，把一块奶油面包浸在蜂蜜罐子里，“这种问题我们不回答。”“你非回答不可，”K说，“这是我的证件，现在请出示你的证件，尤其是逮捕令。”“天哪！”那名守卫说，“你不懂得随遇而安，看样子存心要激怒我们，这根本没必要，在你身边所有的人当中，如今我们说不定是跟你最亲近的人。”“的确是这样，你就相信了吧。”法兰兹说。他没有把拿在手里的咖啡杯往嘴边送，而是久久注视着K，那眼神很可能意味深长，但却令人费解。K不由得和法兰兹交换起目光，但随即又拍拍自己的证件说：“这是我的证件。”“我们哪里在乎什么证件？”那个高大的守卫喊了起来，“你的举止比小孩还糟。你想怎么样呢？想让你这桩该死的大官司赶快结束，就凭跟我们这些守卫讨论身份证件和逮捕令吗？我们是地位卑微的低阶职员，我们不懂什么身份证件，我们跟你的案子唯一的关系就是每天看管你十个小时，并且领到做这件事的酬劳。我们就只是这样的人，尽管如此，我们却能看出指派我们的高级机关在下令进行逮捕之前，很仔细地了解过逮捕的理由和被逮捕的人。这当中不会出错。就我所知，我们的官员——我只认识其中级别最低的——并不会在民众当中寻找罪过，而是如同法律所说，是被罪过所吸引，不得不派出我们这些守卫。这是法律。哪里会出错？”“我不知道有这种法律。”K说。“这对你来说更糟。”那个守卫说。“这法律大概只存在于你们的脑袋里。”K说，他想设法潜入守卫的思想中，朝着对他有利的方向改变其思想，把他们的思想扭转成对他有利，或是让自己习惯他们的思想。但那守卫只是用驳斥的口气说：“你会见识到的。”法兰兹插进话来，说：“看吧，威廉，他承认自己不懂法律，却又声称自己无罪。”“你说得对，可是怎么说他都不懂。”另一个守卫说。

K不再回答，心想：难道我得让这些最低阶人员的废话——他们自己承认是最低阶人员——把自己搞得更糊涂吗？他们说的事肯定他们自己也不懂，之所以这么笃定只是出于愚蠢。只要我能跟与我阶层相当的人说上几句话，一切就会清楚得多，又何必跟这两个人啰嗦半天。他在房间里来回踱步，又看见对面那位老妇人正搂着一个年纪更大的老人的腰，把他推到窗前。K觉得必须结束这场戏了，说道：“带我去见你们的上司。”“这得要等到他想见你的时候，”那个被唤做威廉的守卫说，“现在我劝你回到你的房间，冷静下来，等候发落。我们劝你不要被无用的念头分散了心思，而要集中精神，你面临的考验将会很大。以你对待我们的方式，根本不值得我们这样帮你，你忘了，不管我们是什么身份，就目前而言，相对于你来说，至少我们还是自由之身，这个优势可不小。尽管如此，如果你有钱的话，我们愿意去那边那家咖啡馆替你买份早点来。”

对于这个提议K没有回答，而是静立了好一会儿。要是他打开通往下一个房间的门，甚至是打开通往前厅的门，也许这两个人根本不敢阻止他，也许铤而走险是解决这整件事最简单的办法。但说不定他们真的会抓住他，一旦他被制服，就会失去所有的优势。就某方面而言，相对于他们，目前他毕竟还保有一点优势。因此，他决定还是安全为上，事情的自然发展必然会带来解决之道。他走回他的房间，没有再说什么，那两名守卫也没有再说话。

他跳上床，从床头柜上拿起一颗漂亮的苹果，那是他昨晚准备好今天当早餐吃的。现在这苹果成了他唯一的早餐，而在大大地咬下第一口之后，他深信这远远胜过从那家肮脏的咖啡馆买来的早点，那两名守卫大发慈悲要去替他买的早点。他感到自在，而且充满信心，虽然今天上午没法去银行上班，但是由于他在银行里的职位相当高，很容易得到谅解。他应该照实提出请假的理由吗？他打算这么做。假如别人不相信——在这种情况下，别人不相信也是可以理解的——那么他可以请古鲁巴赫太太作证，或许也可以请对面那两位老人作证，那两位老人此刻大概正往对面的窗户走去。K觉得纳闷，至少按照那两名守卫的思考逻辑他觉得纳闷，他们居然把他赶进了房间，留他一个人在这儿，他明明有很多机会可以自杀。然而他同时自问，按照他自己的思考逻辑，他有什么理由要这么做。难道是因为那两人坐在隔壁房间里，而且拦截了他的早餐吗？自杀是毫无意义的，即使他真想这么做，基于此举的了无意义他也终究不会做。假如那两名守卫不是如此明显地头脑简单，他会认为，他们两人也是基于同样的原因，觉得留他独自一人不会有什么危险。他们现在有权监视他。他此刻走到放着一瓶好酒的壁柜跟前，先喝下一杯充当早餐，再喝下第二杯来壮胆，最后一杯则只是为了以备不测。

此时从隔壁房间传来一声呼喊，把他吓了一跳，牙齿撞上了玻璃杯。那喊声说："督察叫你。"把他吓一跳的只是那声呼喊，这种短促、斩钉截铁的军事化口令，他没料到这会出自守卫法兰兹之口，命令本身倒是他乐于接受的。"总算。"他喊回去，关上壁柜，急忙走进隔壁房间。两名守卫站在那里，要把他赶回他的房间，仿佛这是天经地义的事。"你在想什么？"他们大喊，"穿着睡衣就想来见督察？他会把你痛揍一顿，还会连我们一起揍!”“放开我，该死的。”K喊道，他已经被推到他的衣柜旁边，“谁要是趁我在床上的时候闯进来，就别指望我穿上礼服。”

“你喊也没用。”两名守卫说，每次K一大喊，他们就变得和气许多，甚至还带着点悲伤，想借此把他弄糊涂，或是在某种程度上让他恢复理智。“可笑的礼节!”他还在嘀咕，但已经从椅子上拿起一件外套，用两只手拿着好一会儿，像是要那两名守卫发表意见。他们摇摇头说：“得穿一件黑色的外套。”于是K把那件外套扔在地上，说：“又还不是大审。”自己也不知道说这话是什么意思。两名守卫微微一笑，却还是坚持：“得穿一件黑色的外套。”“如果这样做可以让事情进展得快一点，那我也没意见。”K说着，自行打开衣柜，在那许多衣服里找了很久，挑出他最好的一件黑色衣服，那是件西装上衣，其腰身剪裁在熟人之间曾经差点引起轰动。此时他又挑了一件衬衫，开始仔细地着装起来。他暗中相信自己加快了整件事的速度，因为守卫忘了强迫他去浴室洗漱。他观察他们，看他们是否还会想起这件事，但他们当然根本没想到。不过，威廉没有忘了派法兰兹去向督察报告K在穿衣服。

等他打扮整齐，他得走在威廉前面，穿过隔壁那个无人的房间，走到下一个房间去，那房间的两扇门已经打开。K很清楚，这个房间最近住着一位布斯特娜小姐，她是个打字员，通常很早就去上班，很晚才回来，和K只打过几次招呼。此刻那张床头柜被当成审讯桌，从床边被移到了房间中央，督察就坐在桌后。他翘着二郎腿，一只手臂搁在椅背上。在房间的一角站着三个年轻人，他们正打量着布斯特娜小姐的照片，那些相片插在挂在墙上的一块软板上。在打开的窗户把手上挂着一件白色女衫。那两个老人又靠在对面的窗边，不过那儿人变多了，因为在他们身后站着一个比他们高出许多的男子，穿着一件露胸的衬衫，正用手指捋着红金色的山羊胡。

“约瑟夫·K？”督察问，也许他只是想把K心不在焉的目光引到自己身上。K点点头。“今天早上的事大概让你很惊讶吧？”督察问，一边用双手挪动放在床头几上的几件东西，蜡烛和火柴、一本书和一个针插，仿佛那是他进行审讯时需要用到的东西。“当然，”K说，终于碰到一个讲理的人，可以和对方谈论自己的事，他感到一阵舒坦。“我当然惊讶，但是并没有太惊讶。”“没有太惊讶？”督察问，一边把蜡烛放在桌子中央，把其余的物品围着蜡烛放置。“你也许误解了我的意思，”K急忙补充说明，“我的意思是——”K没把话说完，四下寻找一把椅子。“我总可以坐下吧？”他问。“通常不行。”督察回答。“我的意思是，”现在K一口气往下说，“我固然很惊讶，但是像我这样在世上活了三十年，必须独自奋斗，那么也就见怪不怪了。尤其是今天这件事。”“为什么尤其是今天这件事？”“我的意思并不是说我把这整件事当成玩笑，就玩笑来说，这个活动的规模在我看来实在太大。这间出租公寓里的每个人都要参加，再加上你们几位，这超出了玩笑的界限。所以我不会说这是个玩笑。”“没错，”督察说着，查看火柴盒里还有几根火柴。“可是另一方面，”K往下说，同时转身面向所有的人，如果可能，他想把那三个在看照片的人的注意力也吸引过来，“另一方面，这件事也不可能太过重要。我之所以得出这个结论，是因为我虽然被控告了，却连别人可以据以控告我的最小罪过都找不出。不过这也不重要，主要的问题在于：是谁控告了我？审判的程序是由哪个机关进行？你们是公务人员吗？你们都没有穿制服，如果不把你们的衣服”——他转身面向法兰兹——“视为一种制服的话，你们的衣服实在比较像是旅行服。在这几个问题上我要求澄清，而我深信，在澄清之后，我们就可以真挚地向彼此道别了。”

督察把火柴盒扔在桌上。“你大错特错了，”他说，

“这几位先生和我对你这件事来说完全不重要，我们甚至对你的事几乎一无所知。就算我们穿着最正规的制服，你这案子的情况也不会变得更糟。我也根本不能肯定你是否被控告了，或者应该说我不知道你是否被控告了。你被捕了，这一点没有错，其他的我一概不知。也许守卫他们胡说了些别的话，但那也就只是胡说罢了。所以，就算我回答不了你的问题，我还是可以劝你，少去想我们，少去想你会遭遇什么事，而是多想想你自己。而且不要拿你自觉无辜的事来大声嚷嚷，那会影响你给别人的印象，而你给别人的印象本来并不差。还有，你应该少说几句话，你刚才所说的话几乎全都可以从你的行为推断出来，即使你只说了一两句也一样，再说，那些话对你并不怎么有利。”

K看着督察，目瞪口呆。他居然被一个年纪也许比他还轻的人教训？他的坦诚竟换来了一顿斥责？对于他被捕的原因和下令逮捕他的人，他竟什么也没打听到？他有点激动，来回踱步，也没有人阻止他，他把袖口往上拉，摸摸胸口，把头发抚平，从那三位先生旁边走过，说：“这根本没有意义。”听他这样说，那三个人朝他转过身来，和气但严肃地看着他。最后他终于又在督察的桌前停下脚步。“检察官哈斯特尔是我的好朋友，”他说，“我可以打电话给他吗？” “当然可以，” 督察说，“可是我不知道那样做有什么意义，除非你有什么私事想跟他商量。”“有什么意义？”K大喊，与其说是生气，不如说是惊愕。“你究竟是什么人？你想要意义，却做出天底下最没有意义的事？这岂不是教人哭笑不得？那两位先生先是闯进我那儿，现又在这里或坐或站，看着我在你面前唱好戏。当你声称我被捕了，竟然还问我打电话给一名检察官有什么意义？好吧，我不会打电话。” “噢，不，” 督察说，伸手指向放着电话的前厅，“请你还是去打电话吧。”“不，我不想打了。”K说着，走到了窗前。

对面那几个人还在窗边，不过，此刻由于K走到了窗前，对他们的安静注视似乎是种打扰。那两个老人想要站起来，但是他们身后的男子安抚了他们。“那边也有这种看热闹的人，” K大声地对督察喊道，伸出食指向外指，然后往那边大喊：“走开！” 那三个人马上退后了几步，两个老人甚至走到了那名男子身后，那男子用壮硕的身体遮住他们，从他嘴部的动作来看，是在跟他们说些什么，但是隔着这段距离听不清楚。然而他们并没有完全走开，似乎在等待可以再度悄悄走近窗边的那一刻。“爱管闲事、肆无忌惮的家伙！” K说着，再转回身子，面向房间。

K斜眼一瞥，自觉那督察可能也同意他的看法。不过，那督察也可能根本没有注意听，因为他把一只手紧紧按在桌上，像是在比较手指头的长度。那两名守卫坐在一个皮箱上，膝盖互相摩擦，皮箱上铺着一块装饰用的布。那三个年轻人双手叉腰，漫无目的地四下张望。房间里一片安静，宛如在一间被遗忘的办公室里。

“现在，各位先生，”K大声说，有那么一瞬间，他觉得自己仿佛把所有人都扛在肩上，“从你们的表情来看，我这档事应该已经结束了。依我看，最好不要再去思索各位这样做究竟合不合理，让我们握手言和，结束这件事。如果各位的看法跟我一样，那么——”他走向督察的桌子，向对方伸出手。督察抬起眼睛，咬住嘴唇，看着K伸出的手。K仍旧认为督察会跟他握手，可是那人却站起来，从布斯特娜小姐的床上拿起一顶硬挺的圆帽子，小心翼翼地用双手戴在头上，就像在试戴一顶新帽子，一边向K说：“你把这一切看得太简单了！你认为我们应该就此和解，结束这件事？不，不，这可不行。话说回来，我的意思也并不是说你应该感到绝望。不，何必感到绝望呢？你只是被捕了，如此而已。我奉命来通知你这件事，我话已经说了，也看见了你的反应。今天事情就到此为止，我们可以道别了，不过只是暂时道别。现在你大概想到银行去吧?”

“到银行去?”K问,“我以为我被捕了。”K问这话带着一点倔强,因为对方虽然没有跟他握手,他却觉得自己和这些人越来越不相干了,尤其是在督察站起来之后。他跟着捉弄他们。如果他们要走,他打算追着他们跑到公寓门口,请求他们逮捕他。因此,他又再问了一次:“既然我被逮捕了,我怎么能到银行去?”“是这样,”督察说,“你误会了。你是被捕了没错,但这并不妨碍你继续从事你的工作。你的日常生活也不会受到任何妨碍。”“这样的话,被捕就并没有那么糟。”K说,朝那督察走近。“我也从来没有过别的意思。”那人说。“既然如此,似乎也没什么必要通知我被捕了。”K说着,朝对方走得更近了。其他人也走过来,大家此刻全都聚集在门边那一小块地方。“那是我的职责。”督察说。“一种愚蠢的职责。”K毫不让步地说。“也许吧,”督察回答,“但是我们不必用这些话来浪费时间。我先前是假定你想到银行去。既然你对每一句话都斤斤计较,我再补充一下:我并不强迫你到银行去,我只是假定你想去。为了给你方便,让你尽量不引人注意地抵达银行,我把你这三位同事留在这里供你差遣。”“什么?”K大叫,惊讶地看着那三个人。这些没有特色、面色苍白的年轻人,在他记忆中始终只是那一群站在照片旁边的人。他们的确是他银行里的工作人员，但并不是他的同事，督察这样称呼并不恰当，这也证明督察并非无所不知。不过，他们的确是银行里的低阶职员。之前K怎么会没有看出来呢？想必是他把全副注意力都放在那个督察和两名守卫身上，才没有认出这三个人。模样呆板、挥动着双手的拉本史泰纳，金发深眼的库利希，还有带着可憎笑容的卡敏纳，那笑容是由于慢性肌肉拉伤而产生的。

“早安！”过了一会儿K说，向那几位规规矩矩鞠着躬的先生伸出了手。“我根本没有认出你们来。那么，现在我们要去上班了，对吧？”那几位先生笑着猛点头，仿佛他们一直都在等这句话。只不过当K要找他留在自己房间里的帽子时，他们全都跑去拿了，从这一点至少可以推断出他们觉得有点尴尬。K静静地站着，透过那两扇敞开的门注视着他们，落在最后的当然是满不在乎的拉本史泰纳，他只是优雅地快走而已。卡敏纳把帽子递给K，而K必须提醒自己，一如在银行里他也常得这样提醒自己：卡敏纳不是故意要露出笑容，他根本无法刻意微笑。然后，在前厅里，古鲁巴赫太太替他们打开了公寓的门，她看起来并不怎么感到歉疚。K跟平常一样向下看着她围裙的系带，那带子深深勒进她胖硕的身躯，深到让人觉得有些不可思议。到了楼下，K把表拿在手里，决定叫一辆车，他已经迟了半小时，没必要再迟到更久。卡敏纳跑到街角去叫车，另外两人显然努力要给K解闷，此时库利希突然指向对面那栋房屋的大门，门口出现了那个留着金色山羊胡的男子，刚开始他因为自己整个人都被人看见还有点尴尬，随即走回墙边，倚墙而立。那两个老人大概还在楼梯上。对于库利希让他们注意那个男子，K感到生气，因为先前K就已经看见他了，甚至刚才就一直希望见到他。“不要往那边看。”他脱口而出，没有察觉用这种口气跟独立自主的成年人说话是多么引人侧目。不过也没必要解释，因为汽车刚好来了，大家坐上车，车子开动了。

此时K想起来，督察和那两个守卫走的时候他根本没察觉，先前那督察掩护了这三名职员，而这三名职员现在又掩护了那督察。这显示出K心不在焉，他决定在这方面要更加留心。然而他还是不由自主地转过身，从汽车的后车顶探身出去，看看是否还能看见那个督察和两名守卫。但是他并没有真的尝试要寻找某个人，就立刻又转回身子，舒舒服服地靠坐在车内一角。虽然看不出来，但他此刻其实正需要别人的安慰，可是那三位先生这会儿好像累了，拉本史泰纳从右边望向车外，库利希从左边，只有卡敏纳带着狞笑听候差遣，只可惜拿他的笑容来开玩笑有些不太人道。

和古鲁巴赫太太及布斯特娜小姐的谈话

这个春天，晚上的时间K习惯这样度过：在下班之后，如果还可能的话——他通常在办公室里一直待到九点——独自一人，或是跟熟人一起，散一小会儿步，然后去一家啤酒屋，在固定的一张桌子旁，跟固定相聚的几位先生同桌而坐，他们大多比他年长，通常坐到十一点。不过，这种安排也有例外，例如，当K被银行行长邀请去搭车兜风，或是到他的别墅共进晚餐，行长很赏识K的工作能力和可靠。此外，每星期K会到一个名叫艾尔莎的女孩那儿去，从深夜到清晨她在一家酒馆当服务生，白天则只在床上见客。

然而，在这天晚上——白天在辛苦的工作和众多亲切有礼的生日祝贺之中很快地过去——K却想要马上回家。在白天上班时的每次短暂休息中，他都想起这件事；虽然并不明确知道自己在想什么，他觉得早上的事件似乎在古鲁巴赫太太的公寓里造成了大混乱，而他应该再把秩序建立起来。这个秩序一旦建立起来，那桩事件的所有痕迹就会被消除，一切重新恢复。尤其无须担心那三名职员，他们又被淹没在银行的大批职员之中，看不出他们有什么改变。K 好几次把他们个别或一起叫到他办公室来，就只为了观察他们，没有别的目的，而他总是能够心满意足地让他们退下。

当他晚上九点半回到住的屋子前时，在大门口碰到一个小伙子叉开双腿站在那里，抽着一根烟斗。“你是谁?”K 立刻问，把脸凑近那个小伙子，在昏暗的走道上他的脸看不太清。“我是管理员的儿子，先生。”那个小伙子回答道，把烟斗从嘴里拿出来，站到一旁。“管理员的儿子?”K 问，用手杖不耐烦地敲着地面。“先生需要些什么吗？要我去叫父亲来吗?”“不用，不用。”K 说，带着原谅的语气，仿佛那个小伙子做了什么坏事，但他却原谅了他。“没事。”他接着说，继续往前走，可是在爬上楼梯之前又再度转身看了一眼。

他本来可以直接走进他的房间，但是因为他想跟古鲁巴赫太太谈一谈，便去敲她的门。她坐在桌旁，钩着一只袜子，桌上还摆着一堆旧袜子。K 心不在焉地道歉，为了自己这么晚前来，但古鲁巴赫太太很和气，要他别道什么歉：他随时可以来找她说话，她很清楚他是她最好、最喜欢的房客。K 环顾那个房间，房间已经完全恢复原状，早晨放在窗边那张小桌上的早餐餐具也已经被收走了。女人家总是默默地完成许多事，他想，换做是他，也许会把那套餐具就地砸碎，肯定不会把它端出去。他怀着一丝感激看着古鲁巴赫太太。“这么晚了你怎么还在工作?”他问。此刻他们两人都坐在桌旁，K不时把一只手塞进那些袜子里。“有很多工作要做，”她说，“白天我忙着房客的事，要整理我自己的东西就只能在晚上。”“今天我大概又给你添了非比寻常的麻烦。”“怎么这么说呢?”她问，态度更殷勤了一些，把手上的活儿搁在怀里。“我指的是早上在这里的那些人。”“原来如此，”她说，又恢复了平静，“那没有给我添什么麻烦。”K沉默地看着她又拿起那只袜子。“她似乎纳闷我谈起这件事，”他想，“她似乎认为我不应该提起这件事，那我就更应该提起。这件事我也只能跟一位老太太说。”于是他说：“不，那肯定给你添了麻烦，不过这事不会再发生了。”“对，这事不会再发生了。”她表示赞同，向K微笑，几乎带着点忧愁。“你真的这么认为吗?”K问。“是的，”她小声地说，“不过，首先你不必太过在意这件事。这世上什么样的事没有！K先生，既然你这么体己地跟我说话，我可以向你承认，我在门后面偷听了一下，而那两名守卫也跟我说了一些事。我真的很关心，毕竟这关系到你的幸福。也许这超出了我的本分，因为我只不过是你的房东太太罢了。嗯，对，我听到了一些事，但我不会说那是什么特别糟糕的事。你虽然被捕了，但和小偷被捕不一样。如果像个小偷一样被逮捕了，那就很糟，可是你的被捕……让我觉得出于某种深奥的原因——请原谅我，如果我说了些蠢话——出于某种深奥的原因，我不太了解，当然也不是非了解不可。”

“古鲁巴赫太太，你说的话一点也不蠢，至少我也部分同意你的想法，只不过我对这整件事的判断比你还要尖锐，我甚至不认为那是种深奥的东西，而根本就认为那什么也不是。我被偷袭了，如此而已。假如我醒来以后立刻起床，不要因为安娜没有出现而感到迷惑，不去理会任何挡住我去路的人，而去找你，假如我今天破例在厨房里吃早餐，假如我请你去我房间里替我把衣服拿来，简而言之，假如我按照理智行事，那么就不会发生后来的事，所有想要发生的事都无从发生。可是我完全措手不及。举例来说，在银行里我是有准备的，在那里，这种事绝对不可能发生在我身上，在那儿我有自己的工友，有公共电话，而内线电话就放在我面前的桌子上，不断有人进来，包括客户和职员。此外，最重要的是，在那里我始终都跟工作有所关联，因此沉着镇定，假如我是在那里碰上这样一件事，对我来说简直会是桩乐事。现在事情过去了，本来我根本不想再提起这件事，只是想听听你的看法，听听一位明理的太太的看法，而我很高兴我们的意见一致。现在你该跟我握握手，来证明我们的意见确实是一致的。”

她会跟我握手吗？那个督察没有跟我握手，他想着，用不同于之前的目光打量这个妇人。她站起来，因为他也站了起来，她有点局促，因为她并不完全了解 K 所说的话。而由于这份局促，她说了句她根本不想说、也根本不恰当的话：“K 先生，你别把这件事看得太重。”她说，声音里带着泪，而且当然也忘了跟他握手。“我并不觉得我把这件事看得很重。”K 说，顿时感到疲惫，看出这个妇人的所有赞同都毫无价值。

在门边他又问：“布斯特娜小姐在吗？”“不，”古鲁巴赫太太说，在这个不动感情的答复之后，她又露出微笑，带着迟来的合理关切。“她在剧院。你找她有什么事吗？有什么事要我转达吗？”“噢，我只是想跟她说几句话。”“可惜我不知道她什么时候回来。如果她在剧院，通常很晚才会回来。”“这完全无关紧要，”K 说，已经低着头转过身，面对着门，准备要走，“我只是想向她道歉，我今天用了她的房间。”“没有这个必要，K 先生，你太周到了，那位小姐根本什么也不知道，从今天一早到现在她都不在家，房间也已经完全整理好了，你自己来看。”她打开了通往布斯特娜小姐房间的门。“谢了，我相信你。”K说，但随即还是走到那扇打开的门前。月光静静地照进这个黑暗的房间，凡是看得见的地方，的确一切都物归原位，那件女衫也不再挂在窗户的把手上。床上的垫褥似乎高得出奇，有一部分被月光照着。“这位小姐经常很晚回家。”K说，看着古鲁巴赫太太，仿佛这件事她要负责。“年轻人就是这样！”古鲁巴赫太太带着歉意说。“当然，当然，”K说，“但是有可能太过火了。”“是有可能，”古鲁巴赫太太说，“K先生，你说得没错。甚至也许在这件事情上都说对了。我当然不想说布斯特娜小姐的坏话，她是个可爱的好女孩，和气、整洁、守时、勤劳，这一切我都很欣赏。不过，有一件事倒是真的，她应该更自尊、更矜持一点。这个月我已经两次看见她在僻静的街道上，每次都跟不同的男士在一起。这让我很难堪，老天爷在上，K先生，我就只告诉你一个人，不过我一定也得跟她本人谈谈这件事。再说，这还不是她唯一让我觉得可疑的地方。”“你完全弄错了，”K说，怒气冲冲，而且几乎隐藏不了，“而且你显然也误会了我针对这位小姐所说的话，我不是这个意思。我甚至要明白地警告你别去跟她说什么，你完全弄错了，我很了解这位小姐，你所说的话都不是真的。话说回来，也许我太过火了，你想跟她说什么你就说吧，我不会阻止你。晚安。”“K先生，”古鲁巴赫太太央求着，急忙跟在K身后走到他的房门边，他已经把门打开了，“我还根本没有要跟这位小姐谈，在那之前我当然还会继续观察她，我所知道的事就只向你一个人透露过。毕竟，如果能够维持这间公寓的纯净，每个房客想必都会赞成，而我也就只有这个目的。”“纯净！”K还透过门缝喊道，“如果你想维持这间公寓的纯净，就应该先跟我解约。”接着他把门摔上，一阵轻轻的敲门声响起，但他不再加以理会。

由于他了无睡意，他决定保持清醒，趁这个机会顺便弄清楚布斯特娜小姐什么时候回来。到时候也许还有可能跟她说几句话，不管这时机有多么不恰当。当他趴在窗户上，揉着疲倦的双眼时，有那么一刻他甚至想要惩罚古鲁巴赫太太，想劝布斯特娜小姐跟他一起解除租约。但他立刻觉得这太过夸张，甚至怀疑自己是为了早上那桩事件而想更换住处。再没有什么比这更荒唐、更无谓、更可鄙的了。

等他厌倦了望向那空荡荡的街道时，他把通往前厅的门稍微打开了一点，然后在沙发上躺下，这样一来，只要有人走进公寓，他从沙发上立刻就能看见。他平静地躺在沙发上，抽着雪茄，直到大约十一点。但是后来他在沙发上待不住了，稍微踏进前厅，仿佛借此能让布斯特娜小姐快点回来。他并没有特别渴望见到她，就连她的长相他都记不太清了，然而此刻他想跟她说话，由于她的迟归，给这一天的结束也带来了不安和混乱，这令他恼怒。今天他没吃晚餐，没依原先的计划去找艾尔莎，这也都要怪布斯特娜小姐。不过，如果他现在到艾尔莎工作的那家酒馆去，这两件事都还来得及补做。等他跟布斯特娜小姐谈过之后，他也可以去。

听见楼梯间里有人的时候，已经过了十一点半。陷入沉思的K原本在前厅里重重地来回踱步，仿佛那是他自己的房间，此时他躲回自己的房门后面。来的人是布斯特娜小姐，她一边把门锁上，一边打着哆嗦，用一条丝巾裹住她瘦削的肩膀。接下来她肯定将走进她的房间，而在这午夜时分，K当然不能闯进去，所以他必须现在就去跟她攀谈。可是偏偏他忘了把他房间里的电灯打开，倘若他从黑漆漆的房间里走出来，会显得像是偷袭，至少会很吓人。他不知如何是好，又得要把握时间，于是从门缝里轻声叫唤："布斯特娜小姐。"听起来像是央求，而不像呼唤。"有人在这里吗？"布斯特娜小姐问，睁大了眼睛四下张望。"是我。"K说，走了出来。"啊，K先生！"布斯特娜小姐微笑着说，"你好，"向他伸出了手。"我想跟你说几句话，现在跟你说可以吗？""现在？"布斯特娜小姐问，“非现在不可吗？这有点奇怪，不是吗？”“我从晚上九点就开始等你。”“噢，我在剧院，我并不知道你在等我。”“我想跟你谈话的原因是今天才出现的。”“喔，原则上我并不反对，只不过我已经快累垮了。那就请你到我房间里待几分钟吧，我们可不能在这里聊天，否则会把大家都吵醒，那会让我不自在，不仅是由于其他人的缘故，更是由于我们两个的缘故。你在这里等一下，我先去打开我房里的灯，然后请你把这里的灯关掉。”K照做了，但仍然等到布斯特娜小姐从她房间里再次轻声请他过去。“请坐。”她说，指着那张矮沙发，自己则直挺挺地倚着床柱，尽管她刚才说自己累坏了。她连帽子都没有摘下，那顶帽子很小，但是装饰了许多花朵。

“你想说什么呢？我真的很好奇。”她把双腿微微交叉。“也许你会说，”K开始述说，“这件事没那么急迫，非得要现在就谈，可是——”“开场白我一向懒得听。”布斯特娜小姐说。“这让我的任务更轻松了，”K说，“今天早晨你的房间被弄乱了，在某种程度上那得要怪我，那是由于几个陌生人而引起的，虽然并不是我愿意的，但如同我刚才所说的，这还是得怪我。为了这件事，我想请你原谅。”“我的房间？”布斯特娜小姐问，没有打量她的房间，反而打量着K。“是这样的，”K说，此时两人的目光头一次相遇，“事情发生的方式本身并不值得一提。”“可是那才是真正有趣的部分。”布斯特娜小姐说。“不。”K说。“嗯，”布斯特娜小姐说，“我不想打探秘密，如果你坚持认为谈这些没什么意义，我也不想表示反对。你请求我原谅，我很乐意原谅你，尤其是我看不出有弄乱的痕迹。”她双手叉腰，在房间里走了一圈，在插着相片的软板旁停下脚步。“你看，”她喊道，“我的照片的确被弄乱了，真讨厌。看来的确曾有人未经允许到过我的房间。”

K点点头，暗自咒骂那个职员卡敏纳，他一向克制不住自己无聊、愚蠢的好动。“怪了，”布斯特娜小姐说，“我现在只好禁止你去做你本来就该禁止自己去做的事，也就是我不在的时候请不要进我的房间。”“小姐，我刚才不是向你解释过了，”K说，也朝那些相片走过去，“乱碰你照片的人不是我。既然你不相信，我只好承认，调查委员会还带了三个银行职员来，其中一个很可能动过这些照片，下一次有机会，我就会把他从银行撵出去。”由于那位小姐用询问的眼神看着他，K又加了一句：“是的，有一个调查委员会来过这里。”“为了你而来吗？”那位小姐问。“是的。”K回答。“不会吧。”那小姐笑着喊道。“的确是的，”K说，“这么说，你认为我是无辜的了？”“嗯，无辜……”那小姐说，“我不想马上做判决，这后果可能会很严重。再说，我并不了解你，毕竟，只有犯了重罪的人才会立刻遭到调查委员会的盘问。可既然你还是自由之身——至少我从你的平静可以推断出你不是从监狱里逃出来的——那么你就不可能犯了这种重罪。”“对，”K说，“不过，也可能是调查委员会看出我是无辜的，或是看出我犯的罪并不像他们所认为的那么严重。”“当然，是有这个可能。”布斯特娜小姐殷勤地说。“看吧，”K说，“你对法律事务没什么经验。”“我是没什么经验，”布斯特娜小姐说，“而我也常常觉得遗憾，因为我什么都想知道，对法律事务尤其感兴趣。法院具有一种独特的吸引力，不是吗？不过，我肯定会充实我在这方面的知识，因为下个月我就要去一家律师事务所担任办事员。”“这很好，”K说，“这样你就可以在我的官司里帮上一点忙。”“是有这个可能，”布斯特娜小姐说，“为什么不呢？我很乐意运用我的知识。”“我说这话是认真的，”K说，“至少有你说这话的一半认真。为了这件事请律师未免太小题大作，但是一个顾问倒是可以用得上。”“是啊，可是如果要我当顾问，我就得知道这是怎么一回事。”布斯特娜小姐说。

“问题就在这里，”K说，“我自己也不知道这是怎么一回事。”“那你是在开我玩笑了，”布斯特娜小姐大为失望地说，“实在没必要挑这么晚的时间来开这种玩笑。”她从那些照片旁边走开，他们一起站在那儿站了很久。“事情并不是这样的，小姐，”K说，“我没有开玩笑。你居然不肯相信我！我知道的已经都跟你说了，甚至还超过我所知道的，因为那根本不是什么调查委员会，我之所以这样称呼它，是因为我不知道还能用什么名称来称呼它。他们根本没有调查，我只是被逮捕了，不过是被一个委员会逮捕了。”布斯特娜小姐坐在那张矮沙发上，又笑了：“当时的情况如何？”她问。“糟透了。”K说，但此刻他根本没去想那件事，而完全被布斯特娜小姐的样子给打动了，她用一只手托着脸，手肘搁在矮沙发的垫子上，一边用另一只手缓缓抚过臀部。“这太笼统了。”布斯特娜小姐说。“什么太笼统了？”K问，随即想了起来，问道：“要我把当时的情形示范给你看吗？”他想要动一动，但是还不想离开。

“我已经累了。”布斯特娜小姐说。“你回来得这么晚。”K说。“这会儿你反倒怪起我来了，这也很合理，因为先前我就不该让你进来，而事实也证明其实并没有必要让你进来。”“有必要的，你马上就会看出来，”K

说，“我可以把那张小桌子从你的床边搬过来吗？”“你在想什么？”布斯特娜小姐说，“当然不行！”“这样的话，我就没办法示范给你看了。”K激动地说，仿佛他因此蒙受了无可估计的损失。“好吧，如果你为了表演需要这么做，那就尽管去搬吧。”布斯特娜小姐说，过了一会儿又比较小声地加了一句，“我太累了，本来不该允许的事也允许了。”K把那张小桌摆在房间中央，坐在桌子后面。“你得对人物的位置有清楚的概念，那非常有趣。我是那个督察，那边那个箱子上坐着两名守卫，三个年轻人站在那些照片旁边。顺带一提，在窗户的把手上挂着一件白色的女衫。现在要开始了。对了，我还忘了最重要的人物——我自己，我站在这张桌子前面。那个督察舒舒服服地坐着，翘着二郎腿，手臂搭在椅背上，一个超级大无赖的样子。现在真的要开始了。那个督察说话很大声，仿佛要把我叫醒，简直就是在大喊，如果我想让你明白，那我也只好大喊，对了，他喊的只不过是我的名字。”布斯特娜小姐笑着听他说，把食指放在嘴上，要K别大喊。可是太迟了，K完全融入了那个角色，缓缓地大声说：“约瑟夫·K！”虽然喊声并不像他之前形容的那么大声，但还是大声到爆发出惊人的力量，在发出一会儿之后才渐渐在房间里扩散开来。

此时有人在隔壁房间的门上敲了几下，又重又短，而且很规律。布斯特娜小姐脸色发白，把手放在心窝上。K尤其吓了一大跳，因为在那一瞬间，他还完全无法去想别的事，只想着早上发生的事，想着他在为她表演这些事的那个女孩。他一回过神来，就跳到布斯特娜小姐身边，执起她的手。“别害怕，”他小声地说，“我会处理一切。可是那会是谁呢？隔壁只不过是客厅，没有人睡在那里。”“不，”布斯特娜小姐附在K耳边低语，“从昨天开始，古鲁巴赫太太的一个外甥睡在那里，他是个上尉。刚好没有别的房间空着。我也忘了这件事，而你偏偏要喊得这么大声！这让我很难过。”“根本没理由难过。”K说，当她跌坐回垫子上，他吻了她的额头。“走开，走开，”她说，急忙又坐直了，“你还是走吧，走吧。你想做什么呢？他可是在门边偷听，他什么都听得到。你真会折磨我！”“我要等你稍微平静下来再走，”K说，“到房间的另一个角落去吧，在那里他听不见我们。”

她由着他把她带到那儿去。“你没有考虑到，”K说，“虽然这对你来说是个麻烦，但绝对不是个危险。你知道古鲁巴赫太太非常尊敬我，我说什么她都一定会相信，毕竟这件事情由她作主，尤其那个上尉是她外甥。再说她也得依靠我，因为她从我这儿借了一笔金额不小的钱。

你要怎么解释我们在一起这件事我都能接受，只要能说得过去，我保证让古鲁巴赫太太相信这个解释，不仅是在大家面前，而且是真正、衷心地相信。你完全没必要保护我。如果你想传话出去，说我侵犯了你，那么古鲁巴赫太太知道后会相信的，但她不会因此就不再信任我，因为她对我非常信赖。”

布斯特娜小姐静静地望着面前的地板，有点垂头丧气。“古鲁巴赫太太怎么会相信我侵犯了你？”K又加了一句。他看见她的头发在他面前，紧紧绑住的红金色头发，分了线，低低地鼓起。他以为她会把目光移向他，但是她没有改变姿势，说道：“对不起，我是被那突然响起的敲门声给吓到了，倒不是被那个上尉在场而可能会有的后果给吓到。在你喊了那一声之后房里是那么安静，这时候敲门声响起，我才被吓了一大跳，我坐的地方离门很近，敲门声几乎就在我身边响起。谢谢你的建议，但我不能接受。凡是在我房间里发生的事，我都能负责，而且能对任何人负责。我很奇怪你竟然没有察觉你的建议含有对我多么大的侮辱，当然我承认你是一片好意。不过，现在请你走吧，让我一个人静一静，比起之前，现在我更需要独处。你先前请我给你几分钟，现在已经超过半小时了。”

K抓住她的手，接着握住她的手腕，说："你没有生我的气吧？"她拨开他的手，答道："没有，没有，我从来不生任何人的气。"他又伸手去抓她的手腕，这次她容忍了，就这样领着他走到门边。他下定决心要走，可是到了门前，他停下脚步，仿佛没料到这里会有一扇门。布斯特娜小姐趁机摆脱了他，把门打开，溜进前厅，从那里低声对K说："你就出来吧，拜托。你看——"她指着那个上尉的门，门下透出一丝光线——"他点了灯，在看我们的好戏呢。""我这就出来。"K说，跑向前，抱住她，吻了她的唇，然后吻她整张脸，像一只渴极了的野兽终于找到了泉水，伸出舌头四处舔吮。最后他吻了她的脖子，在咽喉的部位，他的唇在那儿停伫良久。从那个上尉的房间里传出一阵声响，让他抬起头来。"现在我要走了。"他说，他想直呼布斯特娜小姐的名字，却不知道她的名字叫什么。她疲惫地点点头，已经半转过身去，任由他亲吻她的手，仿佛她不知道他在做什么，低着头走进她房间。

不久之后，K躺在他的床上，很快就睡着了。在入睡前他又回想了一下自己的行为，对自己的行为很满意，但也为自己没有感到更满意而有些纳闷；由于那个上尉，他认真地替布斯特娜小姐担起心来。

初审

K 接到电话通知，下周日将针对他的案子举行一次小型审讯。对方提醒他，这些审讯将会定期举行，即使不见得是每周，但还是会相当频繁地接连举行。一方面，为了公众利益，应该尽快结束审判过程；另一方面，审讯在各方面都需要彻底，但由于伴随而来的辛劳，每次不能持续太久，因此才选择了这种迅速接连举行的简短审讯。审讯日期订在星期天，是为了不妨碍 K 上班。对方假定 K 同意这一安排，如果他希望改期，他们也会尽量配合。例如，审讯也可以在夜间举行，不过那个时段 K 的精神可能不够好。总之，只要 K 没有异议，日期就会保持原订的星期天。当然，他务必要出席，这一点想来不需要再提醒他。对方告知了他应该前往之处的门牌号码，那房子位于偏僻郊区的街道上，那条街 K 还从未去过。

接到这个通知后，K 没有回答，就挂上了听筒。他当下就决定星期天要去，这肯定有必要，审判程序已经展开，而他必须与之对抗，这次审讯是第一次，也该是最后一次。他还若有所思地站在电话机旁，这时他听见副行长的声音在他背后响起，副行长想要打电话，却被K挡住了路。“是坏消息吗？”副行长随口问道，并非真想知道，只是想让K从电话旁边走开。“不是，不是。”K说，站到一旁，但却没有走开。副行长拿起听筒，等待电话被接通，一边越过话筒对K说：“问你一件事，K先生，星期天上午你愿意赏光一起搭我的帆船出游吗？会有很多人参加，其中想必也会有你认识的人，包括检察官哈斯特尔。你愿意来吗？一起来吧！”

K设法集中精神去听副行长在说些什么。这对他来说并非无关紧要，因为他跟这位副行长一向处得并不怎么好，对方的这个邀请意味着对方想跟他和解，这显示出K在银行里的地位变得多么重要，银行里地位次高的主管也这么看重他的友谊，至少是看重他的中立。这个邀请对副行长来说是种屈辱，就算只是在等待电话接通时顺带一提。可是K不得不让第二个屈辱继之而来，他说：“非常感谢！可惜我这个星期天没空，我已经有别的事了。”“可惜。”副行长说，转而对着电话讲话，线路刚刚接通。那通电话不算短，可是心神涣散的K始终还站在电话旁边。一直等到副行长挂掉电话，他才吓了一跳，为了解释自己何以无所事事地站在这里，他说：“我刚才接到电话，要我到某个地方去，可是对方却忘了告诉我要在几点钟去。”“那你就再问一下吧。”副行长说。“这事没那么重要。”K说，尽管这样一来，他先前那原本就嫌不足的解释更显牵强。副行长走开时还说了些别的事，K也勉强作答，但一心还是想着他最好在星期天上午九点钟去，因为凡是法院平常都从九点开始上班。

星期日天气阴沉，K很疲倦，因为前一夜里，跟他固定聚会的那群人有庆祝活动，他在酒馆里待到很晚，早上差点睡过头。他没有时间考虑，也没有时间把这一周以来他所想出的各种计划组织起来，就急忙穿好衣服，奔向对方向他描述的那个郊区，连早餐也没吃。奇怪的是他碰到了参与这件事的那三名职员：拉本史泰纳、库利希和卡敏纳，尽管他并没有什么时间东张西望。前两人搭乘一辆电车，在K所走的路上横穿而过；卡敏纳则坐在一家咖啡馆的露台上，当K从旁边经过时，他正好奇地趴在栏杆上。他们大概全都目送着他，想不通他们的上司怎么会在路上跑。出于某种倔强，K不愿意搭车，在这件事上，他厌恶任何外来的帮助，哪怕是再小不过的帮助。他也不想麻烦任何人，以免透露此事，哪怕只透露一点点。他最不愿意由于分秒不差过度准时到达而在调查委员会面前降低自己的身份。不过，现在他跑了起来，为了尽可能在九点抵达，虽然对方根本没有说要他在什么时间去。

他原本以为借由某种他自己也无法确切想象的标志，或是借由门口一种特别的动静，从远处就能认出那栋屋子，然而，那条他该前往的尤里乌斯街，两边都是几乎一模一样的房子，灰灰的楼房，是穷人家所住的出租公寓，K站在街口，伫立了一会儿。此刻，在星期天上午，大多数的窗边都站了人。只穿着衬衣的男人站在窗边抽烟，或是小心而温柔地把小孩抱在窗台上。其余的窗户则高高地迭着被褥，女人发丝凌乱的头部在被褥上方匆匆一现。有人隔着街互相叫唤，一声叫唤在K的正上方引起了一阵笑声。矮于路面的小店规律地分布在长长的街道上，往下走几个台阶就能抵达，卖着各种日常用品。妇女在那些店里进进出出，或是站在台阶上聊天。一个卖水果的朝着那些窗户吆喝叫卖，跟K一样没有留心，推车差点把K撞倒在地。一架从较高尚的城区淘汰下来的留声机开始死命地播放。

K沿着街道往下走，走得很慢，仿佛这会儿他不赶时间了，又仿佛那位初审法官能从某扇窗户看见他，所以晓得K已经到了。时间刚过九点。那栋屋子座落在相当远的地方，屋身延伸得很长，大得有点不太寻常，尤其是大门又高又宽，显然是供货车出入的。院子里是一间间仓库。这些仓库此刻上了锁，上面写着公司的名称，从银行的业务中，K认得其中几个。他一反平常的习惯，较为仔细地留心这一切琐碎的小事，也在院子的入口停留了一会儿。在他附近，一个打赤脚的男子坐在一个箱子上看报，两个男孩在用一个手推车玩跷跷板，一个穿着睡衣的瘦弱女孩站在一个水泵前打水，在水流进桶里时她把目光投向K。院子的一角，在两扇窗户之间拉起了一条绳子，等待晒干的衣物已经晾在上面。一个男子站在下方吆喝，指挥着工作。

K朝楼梯走过去，以便前往审讯室，却再度停下脚步，因为除了这道楼梯之外，在院子里他还看见三个不同的楼梯入口，此外，院子尽头的一条窄小过道似乎还可以通往第二座院子。他气对方没有更仔细地向他描述那个房间的位置，他们对待他实在是特别马虎或是毫不在乎，他打算清楚地大声指出这一点。最后他还是爬上了第一道楼梯，在脑中思索守卫威廉所说的话，说法院被罪行所吸引，由此推论，那么审讯室肯定就位于K凑巧选择的那道楼梯上。

上楼梯时他打搅了许多在楼梯上玩耍的小孩，当他从他们之间走过时，他们恶狠狠地瞪着他。“如果下次我还要再来这里，”他暗忖，“要么带糖果来笼络他们，要么得带棍子来揍他们。”快爬到二楼时，他甚至得稍等一下，等一粒弹珠滚完，此时两个小男孩抓住他的长裤，脸上带着成年流氓的复杂表情。假如他想把他们甩开，势必会弄痛他们，而他害怕他们会哭叫。

真正的寻找在二楼才展开。由于他总不能问调查委员会在哪里，便虚构了一个叫蓝兹的木匠——他想到这个名字是因为那个上尉就姓蓝兹，古鲁巴赫太太的外甥——他打算挨家挨户地询问，问是否有一个叫蓝兹的木匠住在那里，以便趁机看进那些房间里。结果却发现，在大多数情况下，不必费事就能看进房里，因为几乎所有的房门都敞着，小孩子跑进跑出。通常那都是只有一扇窗户的小房间，煮饭也在那里。有些妇女一手抱着婴儿，用另一只手在炉子上忙着。半大不小的女孩勤快地跑来跑去，身上似乎只穿着围裙。在所有的房间里，床上都还有人躺着，有些是病人，有些还在睡觉，也有人和衣躺在床上休息。房门关着的，K 就敲门询问那里是否住着一个叫蓝兹的木匠。来开门的大多是妇人，听了他的询问之后，就朝屋里转过身，问某个从床上坐起来的人：“这位先生问有没有一个叫蓝兹的木匠住在这里。”“叫蓝兹的木匠？”那人从床上问。“是的。”K 说，尽管他已经达到了目的，因为调查委员会肯定不会在这儿。许多人以为K很在乎要找到那个叫蓝兹的木匠，想了很久，提起一个并不叫蓝兹的木匠，或是提起一个跟蓝兹只勉强有点相似的名字，要不就是询问邻居，或是陪着K到很远的一扇门前，认为可能有这样一号人物跟二房东租了房子住在那里，或是有某个人比他们更能答复这个问题。到最后K自己几乎不必再开口问，而是就这样被他们从一层楼带到另一层楼。他对自己的计划感到后悔，原先他还觉得这个计划很实际。快到六楼的时候，他决定放弃寻找，向一个和气的年轻工人道别之后就下楼了，那人本来想带他上楼继续去找。然而他随即又为了这整桩行动的徒劳而生气，又再往回走，敲了六楼的第一扇门。在那个小房间里，他第一眼看见的东西是一个大壁钟，已经指着十点。“有一个叫蓝兹的木匠住在这儿吗?”他问。“请进。”一个年轻女子说，她有一双闪亮的黑眼睛，正在一个桶子里洗濯小孩衣物，举起湿漉漉的手，指向隔壁房间敞着的门。

K觉得自己走进了一场集会之中。形形色色的人挤在一起——没有人去管这个进来的人——塞满了一个中等大小的房间，房间有两扇窗户，接近天花板处有一圈回廊，也站满了人，他们只能弯腰站着，脑袋和背部顶着天花板。K觉得空气太污浊，又走了出来，向那个大概误会了他意思的少妇说：“我问的是一名木匠，一个叫蓝兹的？”“对，”那妇人说，“请你进去。”那女子朝他走过来，握住了门把，说：“等你进去之后，我就得把门锁上，不再让任何人进去。”若非如此，K也许不会听从。“这很明智，”K说，“可是人已经太多了。”但他随后还是又走了进去。

两名男子站在门边聊天，其中一个伸出两只手，做出数钱的动作，另一个紧紧盯着他的眼睛。一只手从这两人之间伸出来抓住K，那是个脸颊红润的小男孩。“请过来，请过来。”他说。K让他带着走，结果发现在这混乱的人群中，还是空出了一条窄窄的信道，可能把人群分成了两方。K之所以这么想，是因为在最前面几排，不论往左看还是往右看，都没有一张脸面向着他，只看见众人的背部，他们的言语和动作都只是针对自己那一方的人而发。大多数的人穿着黑色衣服，是节日穿的长外套，衣服老旧，松松垮垮地垂下来。只有这服装令K困惑，否则的话，他会把这视为地方上的一场政治集会。

K被带到大厅的另一端，那里有一个低矮的讲台，上面也挤得满满的，一张小桌子横放在讲台上，桌子后面，靠近讲台的边缘，坐着一个矮胖的男子，他气喘吁吁，正跟站在他身后的一个人大声谈笑，那人把手肘撑在椅背上，双腿交叉。偶尔那个矮胖男子会在半空中挥动手臂，仿佛在滑稽地模仿某个人。带领 K 的那个男孩要传达他的通报很不容易。他已经踮起脚尖，两度尝试报告，讲台上那个人却没有注意到他。直到讲台上众人当中有人提醒那人注意这个男孩，此人才朝着男孩转过来，弯下身子，听他报告。接着那人掏出怀表，迅速朝 K 看了一眼。“你在一个小时又五分钟前就该出现了。”他说。K 想要回答，却没有时间，因为那男子才说了这句话，大厅右半边就响起了一阵嘀咕。“你在一个小时又五分钟前就该出现了。”此刻那男子抬高声音重复了一遍，同时也向下朝大厅望了一眼。那阵嘀咕也立刻大声起来，由于那男子没有再说什么，那声音才渐渐消失。比起 K 刚进来的时候，大厅里现在要安静得多。只有回廊上那些人还在议论纷纷。在雾气、灰尘和昏暗的光线中，勉强能看出他们的衣着要比下面的人来得寒酸。有些人带了软垫来，塞在头部跟天花板之间，免得把头碰伤了。

K 决定多观察，少说话，因此放弃了为对方声称他迟到一事辩解，只说：“就算我迟到了，现在我来了。”大厅的右半边又响起一阵掌声。“这些人很容易笼络。”

K想，只有大厅左半边的安静令他心烦，那半边位于他正后方，只有零零落落的掌声从那儿响起。他思索着他该说些什么，才能一举笼络所有的人，就算无法做到，至少也暂时笼络另外那一群人。

“没错，”那人说，“可是现在我不再有义务来审讯你，”——又是一阵嘀咕，但这一次却是误会了，因为那人把手一挥，示意要那些人安静——他接下去说：“不过，今天我就破例一次，但以后不准再迟到。现在请你站到前面来！”一个人从台上跳下来，好把位置让出来给K，而K就走上讲台。他紧紧贴着那张桌子站着，身后的人群是那么拥挤，他不得不使劲把他们挡住，否则就会把初审法官的桌子推下讲台，也许会连法官一起推下去。

但初审法官并未对此情形予以理会，而是舒舒服服地坐在他的椅子上，跟他身后那人说了最后一句话，然后拿起一个小小的记事本——那是他桌上唯一的物品，像是学生用的写字簿，很旧，由于经常翻阅，形状已经走了样。“嗯，”初审法官说，翻了翻本子，以确认事实的语气对K说，“你是粉刷匠？”“不，”K说，“我是一家大银行的首席经理。”这个回答在右后方的人群里引发了一阵笑声，那些人笑得那么真心，K也不由得跟着笑了。那些人把手撑在膝盖上，笑得全身打颤，就像咳嗽咳得太厉害一样。就连回廊上也有零星的笑声。初审法官大为光火，对于坐在下面的人他大概无能为力，于是想拿回廊上的人出气，他跳起来，恐吓回廊上的人，那原本不显眼的眉毛在眼睛上方皱在一起，显得又浓又黑又粗。

但大厅的左半边仍然很安静，那些人面对讲台，成排站立仔细聆听着讲台上的讲话以及大厅另一边的嘈杂声，他们甚至容忍他们这一边之中的几个人偶尔与另一边的人攀谈。左边这一方人数比较少，其实这些人也许就跟右边那些人一样无足轻重，但是他们平静的举止让他们显得比较重要。当 K 此刻开始说话时，他深信自己说出了他们心里的话。

“法官先生，你问我是不是粉刷匠——其实你根本不是在问我，而是劈头就这么认定了——你问的问题就彰显出针对我的这套司法程序的进行方式。你可以反驳，说这根本不是个司法程序，你完全有理，因为只有当我承认这是个司法程序，它才算是。不过，此刻我姑且承认它，算是出于同情吧。如果非加以关注不可，那么除了用同情的态度之外没有别的办法。我没说这是个无耻的司法程序，但我想提供这个说法让你自行体悟。”

K 停顿下来，从台上往大厅里看。他所说的话很尖锐，超出他原本的意图，可是他并没有说错。其实应该有人为他喝彩，但大厅里一片寂静，大家显然在屏息等待接下来要发生的事，也许这寂静中还酝酿着一场风暴，来将这一切结束。扰人的是，此刻大厅末端的门开了，那个洗衣的少妇走进来——大概已经忙完了——尽管她十分小心，却还是引来了一些目光。只有那个初审法官让K立刻高兴起来，因为K的那番话看来给了他很大的打击。先前他为了制止回廊上的人而站起来的时候，K突然对他讲话，因此到目前为止他都站着聆听。此刻K停顿下来，法官缓缓坐下，仿佛不想引人注意。他又拿起那个记事本，也许是为了缓和自己脸上的表情。

“没有用的，”K继续说，“法官先生，就连你的记事本也会证实我所说的话。”在这个陌生的集会中，K只听见自己平静的话语，这让他感到得意，甚至大胆地干脆把那个记事本从法官那儿拿过来，用指尖拎起中间的一页，仿佛不愿意去碰，乃至于其余的页面从两边垂落下来，页面上有污渍，边缘泛黄，上面写得密密麻麻。“这就是初审法官的档案。”他说着，把记事本放在桌上。“法官先生，你尽管继续读吧，老实说，我一点也不怕这本罪行登记簿，虽然我没法读，因为我只愿意用两个指尖去碰。”初审法官在记事本落在桌上之后伸手去拿，试图把它稍微弄整齐点，再拿起来读，这只可能是因为他深深感到屈辱，至少应该理解为如此。

最前排的人面向K，神情紧张，K往下朝他们看了一会儿。那全都是些年纪较长的男子，有几个胡子都白了。莫非他们是做决定的人，足可左右整个集会，自从K开始说话，这个集会就陷入寂静，就连法官的受辱也不曾打破这片寂静。

“发生在我身上的事，”K继续说，声音比先前小了一点，一再用目光搜寻最前排的那几张脸，这使得他的发言显得稍嫌毛躁。“发生在我身上的事只是个单一事件，就其本身而言并不重要，因为我并没有把它看得很严重。但是，这代表了许多人都会碰到的司法程序。在此我是为了这些人而出面，并非为了我自己。”

他不自觉地提高了嗓门。某处有人举起双手鼓掌，喊道：“说得好！这有何不可？说得好！再叫一声好！”第一排的人有几个摸摸自己的胡子，没有人由于那声呼喊而转过头去。K也不认为那声呼喊有何重要，但还是受到了鼓励。现在他认为根本没必要让所有的人鼓掌喝采，只要大家开始思索这件事，只要偶尔有一个人能被他说服也就够了。

基于这个念头，K说：“我并不是想做个夸夸其谈的演说家，可能也做不来。法官先生的口才可能比我好得多，毕竟那是他的工作。我只想公开讨论一个明显的弊端。请听我说：我在大约十天前被逮捕，对于被捕这件事连我自己都想笑，但现在不是笑的时候。我一大早在床上被人骚扰，对方也许接到命令，要逮捕某个跟我一样无辜的粉刷匠——照初审法官刚才所说的话来看，这不无可能——但却挑中了我。隔壁的房间被两个粗鲁的守卫给霸占了。即便我是个危险的强盗，他们的防范也不可能更小心了。而且这些守卫是道德败坏的无赖，在我耳边喋喋不休，想要我贿赂他们，他们捏造事实，想诱使我交出内衣和外衣，他们想要钱，他们当着我的面无耻地吃光了我的早餐，然后佯称要替我去买早餐，想跟我要钱。这还不够，我又被带到另一个房间，被带到督察面前。那个房间属于我很尊重的一位女士，而我得眼睁睁地看着这个房间为了我的缘故，被在场的守卫和督察给弄脏了，虽然错不在我。在当时那种情况下，要保持冷静并不容易，但我做到了，我十分冷静地问那名督察我为什么被捕——假如他也在这里，就必须证实我说的没错。而那个督察是怎么回答我的呢？他的样子此刻都还浮现在我眼前，看他坐在刚才提及的那位女士的椅子上，流露出最麻木不仁的傲慢。各位先生，他其实什么也没回答，也许他的确什么也不知道，他逮捕了我，这样他就满意了。他甚至还把我银行里三名低阶职员带进那位女士的房间，他们乱摸那位女士的照片，把照片弄乱了。这三名职员之所以在场当然还有另一个目的，就跟房东太太和她的女佣一样，他们该散播我被捕的消息，损坏我在社会上的名声，尤其是动摇我在银行里的地位。不过，这些全都没有成功，就连我的房东太太，一个很单纯的人——在此我说出她的名字以示尊敬，她叫古鲁巴赫太太——就连古鲁巴赫太太都明理到足以看出，这样的逮捕跟野孩子在街上出手偷袭相去不远。我再重复一次，这整件事只给我带来了不便和一时的恼怒，但这种事难道不会带来更糟糕的后果吗?”

说到这里，K停顿下来，朝着默不作声的初审法官望过去，他自觉看出那法官正在用眼神向人群当中的某个人示意。K露出微笑，说：“刚才在我旁边的法官先生向各位当中的某个人打了一个暗号。也就是说，各位当中有人接受讲台上的指挥。我不知道这个暗号是要引发嘘声还是喝采，由于我提前揭露了此事，我主动放弃得知这个暗号的意义。我完全不在乎，而且我公开地授权给法官先生，他可以不必用暗号来命令这些被他收买的手下，而大声地用言语来发号施令，例如这一次说：‘现在发出嘘声’，下一次则说：‘现在鼓掌’。”

初审法官在他的椅子上动来动去，不知道是出于尴尬还是不耐烦。在他身后，先前跟他聊天的那名男子再度朝他弯下身子，不管是想替他打气，还是给他一项特别的建议。台下的人低声聊天，但是很热烈。先前似乎持相反意见的两方彼此交融，有几个人用手指着K，另外一些人指着法官。房间里污浊的雾状空气尤其讨厌，甚至让人无法仔细观察站得比较远的那些人，这对回廊上的观众来说想必格外扰人，他们被迫轻声向参与集会的人提问，好进一步了解情况，不过他们这么做时会心虚地偷瞄一下初审法官。回答的人也同样小声，用手遮着嘴来掩饰。

“我马上就说完了，”K说，由于没有铃可用，他用拳头敲桌子，把初审法官跟他那位顾问吓了一跳，两人凑在一起的脑袋暂时分开。“这整件事跟我不相干，因此我冷静地加以评断，而你们若是专心听我说，对你们会很有好处，如果你们对这个所谓的法庭还有一点在乎的话。对于我所说的话，你们若想要互相商量，请稍后再讨论，因为我没有时间，待会儿我就要走了。”

大家立刻安静下来，K显然已经掌控了这场集会。众人不再像刚开始时那样大喊大叫，甚至也不再鼓掌喝采，但他们似乎已经被说服了，或是就快要被说服了。

“毫无疑问的是，”K说，声音很小，因为他很高兴全场都在聚精会神地仔细聆听，在这片寂静中响起了轻轻的耳语，这比最热烈的喝彩还要令人陶醉，“毫无疑问的是，在这个法庭的所有行动背后有一个大型组织，以我的案子来说，是在那场逮捕和今天的审讯背后。这个组织不仅雇用了收受贿赂的守卫、愚蠢的督察，还有在最好的情况下也只能称之为平庸的初审法官，而且还养着一批高阶和最高阶的法官，连同无数不可缺少的随员：工友、书记、宪兵和其他助手，也许还有刽子手，我不怕说出这几个字。而各位先生，这个大型组织的意义在哪里呢？在于逮捕无辜的人，对他们提起毫无意义的司法程序，而这些司法程序多半也没有结果，如同在我这个案子上。以这整件事的了无意义，要如何避免政府官员最严重的腐败？这是办不到的，就算是最高阶的法官也办不到，哪怕是为了他自己。因此，守卫试图从被逮捕之人的身上窃取衣物，督察闯进陌生人的住宅，无辜的人没有受审，却在整个集会前受辱。那些守卫向我提起过保管处，被逮捕之人的财物会被送到那儿去，我很想看看这些保管处，被逮捕之人辛苦挣来的财产在那里发霉，要是它们还没有被喜欢偷窃的保管处官员偷走的话。”

大厅末端传来一声尖叫，打断了K，他用手遮在眼睛上方，朝那边望过去，因为污浊的空气在昏暗的日光中近于白色，使人目眩。是那个洗衣女子，刚才她进来的时候，K就已经看出她是个重大干扰，至于是不是她的过错，还搞不太清。只见一名男子把她拉到门边一角，搂住了她。可是尖叫的人不是她，而是那名男子，他张大了嘴，望向天花板。一小撮人围在他们两个旁边，K带进会场的肃穆就此被打断，这似乎令近处回廊上的观众感到兴奋莫名。

K的第一个念头是想马上跑过去，他也认为大家都很在意要恢复秩序，至少把那对男女逐出大厅，可是他面前第一排的人牢牢站定了，没有人动一下，也没有人让K通过，反而阻挡他。几个老人伸出手臂，不知道哪个人的手——K没有时间转头——从后面抓住了他的衣领。K其实已经不再去想那对男女了，但觉得他的自由仿佛受到了限制，仿佛他们认真想要逮捕他，于是他不顾一切地从讲台上跳下来。现在他跟拥挤的人群面面相觑。难道他对这群人判断有误吗？难道他高估了他那番话的效果？难道他们在他说话时是在装模作样？而此刻由于他已讲到结论，他们不想再假装了？看看他周围那些脸孔！黑色的小眼睛闪烁不定，脸颊就像酗酒的人一样松垮，长长的胡子硬而稀疏，如果伸手去捏这些胡子，就像是捏着爪子一样。然而，在那些胡子下方——这是K的真正发现——在外套领子上都佩带着颜色和大小不一的徽章。举目所及，每个人都带着这种徽章，看似各成一方的左边和右边其实全都是一伙的。K猛然转身，在初审法官的衣领上也看到同样的徽章，法官把双手搁在怀里，冷静地看着台下。“原来如此，”K大喊，把手臂高高举起，乍然认清的事实需要空间，“可见你们全都是公务人员，是腐败的一群，我为了反抗你们而发言，你们挤到这儿来，充当听众和间谍，假装分成了两方，其中一方鼓掌，是为了要考验我，你们想要学会引诱无辜的人。你们这一趟真没有白来，我本来指望你们来保护无辜的人，你们却将此事当作消遣，或是——放开我，不然我就要打人了，”K对着一个颤抖的老人喊，那老人挤到了离他特别近的地方——“或者是你们真的学到了什么。祝你们事业兴隆。”他的帽子就放在桌缘，他迅速拿起帽子，在一片静默中挤到出口处，只不过那片静默是出于吃惊。

可是法官的动作似乎比K还快，因为他已在门边等他。“稍等一下，”他说，K停下脚步，但没有看着那个法官，而是看着门，手已经握住了门把。“我只是想提醒你，”法官说，“你今天——也许你还没有意识到——剥夺了自己原本可得到的那份好处，一场审讯对于被捕之人无论如何都有好处。”K 对着门笑了。“你们这些败类，”他喊道，“去你们的审讯。”他打开门，匆匆走下楼梯。在他身后，会场再度活泼起来，嘈杂声响起，大家大概开始像行家一样讨论起刚才的情形。

在空荡荡的审讯室里
大学生
办事处

接下来那个星期里，K 每天都等待着再次收到通知，他不相信他们居然把他放弃审讯的那番话当了真。一直到星期六晚上，他所等待的通知还是没来，他就假定对方是默示他在同一时间到同一地点去。因此，星期天他又去了那里，这一次他直接爬上楼梯穿过走道，有些人还记得他，站在自家门边跟他打招呼，但他无须再向任何人询问，很快就走到了正确的那扇门前。他敲门之后，门立刻就开了，那个他见过的女子还站在门边，而他没有再转过头来看她，就想马上走进旁边的房间。“今天不开庭。”那个女子说。“怎么会不开庭呢？”他问，不愿意相信。但是那女子打开了隔壁房间的门，让他不得不相信。那房间果然是空的，空荡荡的样子看起来比上个星期天还要可悲。那张桌子还立在讲台上，没有改变，桌上放着几本书。

“我可以看看那些书吗？”K 问，倒不是特别好奇，只是不希望完全白跑了这一趟。“不行，”那女子说，又把门关上，“这是不被允许的。那些是初审法官的书。”

“原来如此，”K说，点点头，“那大概是些法律书籍，这就是这个法律机构的作风，不但让人无辜地遭到判决，也让人无知地遭到判决。”“大概是吧。”那女子说，并不完全明白他的意思。“嗯，那我就走了。”K说。“有什么话要我转告初审法官吗？”那女子说。“你认识他？”K问。“当然，”那女子说，“我先生是法院工友呀。”

此刻K才注意到，这房间里上回只放着一个洗衣服的圆桶，现在却是间家具齐全的客厅。那女子察觉了他的惊讶，说道：“我们这个住处是免费的，但是必须在开会的日子把房间腾出来。我先生的工作就有这个缺点。”“对这个房间我倒不是那么惊讶，”K说，恶狠狠地看着她，“我惊讶的是你是个已婚的女人。”“你大概是指上次开会时那桩意外吧？由于那桩意外，我打断了你的发言。”那女子问。“当然，”K说，“如今事情已经过去了，我也几乎忘了，可是当时那简直让我火冒三丈。而这会儿你自己说你是个已婚的妇人。”“你的发言被打断对你并没有坏处。在那之后，大家对你还有十分不利的批评。”“有可能，”K转移了话题，“但这并不表示你就能被原谅。”“凡是认识我的人都会原谅我，”那女子说，“当时抱住我的那个人很久以前就看上了我。就一般的标准来说，我也许不算有魅力，可是他却觉得我很有魅力。

这件事防不了，就连我先生也已经认命了，要想保住他的职位，他就只好容忍，因为那人是个大学生，将来可能会掌握很大的权力。他总是缠着我，就在你来之前，他才刚走。”“这跟所有其他的事很相称”，K说，“我并不惊讶。”“看来你是想改变这儿的一些事？”那女子问，她这话说得很慢，注视着K，仿佛她说了些对她和K都很危险的话。

“这一点从你的发言我就听出来了，我很欣赏你所说的话。不过，我只听到一部分，开头我错过了，而你说到结论的时候，我跟那个大学生躺在地板上。”顿了一会儿之后她说：“这里实在令人厌恶。”她握住K的手，“你认为你能改善得了吗？”K露出微笑，把他的手在她柔软的双手中转动了一下。“其实，”他说，“我不是如同你所说的，要来改善这里的情况，假如你去跟别人这样说，例如那个初审法官，那你就会遭到嘲笑，或是受到处罚。事实上，我本来肯定不会出于自愿来管这些事，也绝对不会因为法律界需要改善而在夜里失眠。可是，由于他们说我被逮捕了——因为我是被捕了——迫使我不得不插手干预，而且是为了我自己。不过，如果我这样做能帮上你一点忙，我当然也很乐意。倒不只是出于博爱，而是因为你也可以帮我的忙。”“我怎么能帮得上你的忙？”那女子问。“例如，你可以把那张桌子上的书拿给我看。”“啊，没错。”那女子喊道，急忙拉着他向前走。那是已经磨损的旧书，封面几乎已经从中断裂，只靠着纤维连在一起。“这里真是脏。”K摇着头说，在K伸手去拿那些书之前，女子用她的围裙擦掉了灰尘，至少是粗略地擦过。K打开最上面那本书，一幅猥亵的图画出现在眼前。一男一女光着身子坐在一张长沙发上，绘图者的下流意图显然可见，但是他的技巧太过拙劣，最终就只看见一男一女过于立体地凸显于画中，僵直地坐着，由于透视画法错误，只能不自然地面向彼此。K没有继续往下翻，下一本书他只打开了扉页，那是本小说，书名是：《葛蕾特从丈夫汉斯那儿所受的折磨》。“原来这就是这里所研读的法律书籍，”K说，“要来审判我的是这种人。”“我会帮你。”那女子说。“你愿意吗？你真能帮我，而不至于给你自己带来危险吗？你刚刚不是才说你先生很仰赖他的上司。”“尽管如此，我还是愿意帮你，”那女子说，“来吧，我们得商量一下。别再说什么我会有危险，只有在我想要害怕的时候，我才害怕危险。来吧。”她指着那个讲台，请他跟她一起坐在台阶上。

“你有漂亮的黑眼睛，”在他们坐下之后她说，仰望着 K 的脸，“别人也说我的眼睛很漂亮，但是你的眼睛更漂亮。顺带一提，你第一次到这里来的时候，我就注意到了，所以我后来才会走进这个审讯室，平常我从来不会这么做，甚至可以说被禁止这么做。”“原来是这么回事，”K 心想，“她在引诱我，她就跟这里所有的人一样堕落，她厌倦了法院那些公务员，而这也不难理解，因此碰到任何一个陌生人，她就赞美他的眼睛来表示欢迎。”K 不发一言地站起来，仿佛已经把自己的想法大声说了出来，因此向那女子解释了他的行为。“我不认为你能够帮我，”他说，“如果真的想帮我，必须跟高阶官员有来往，而你多半只认得那一堆在这儿打转的低阶职员。这些人你想必很熟，也能借由他们做成某些事，这一点我并不怀疑。然而，借由他们而能做成的事再大，对于审判的最终结果也无关痛痒。你却可能因此而失去几个朋友。我不想这样。你就维持你跟这些人到目前为止的关系吧，因为我觉得你少不了这种关系。我这样说其实是有点遗憾的，因为我也很喜欢你，这是为了稍微回报一下你的赞美，尤其是像你现在这样悲伤地看着我，而你其实没理由这样悲伤地看着我。你属于那一群我必须对抗的人，而你在他们之中也感到很自在，你甚至爱那个大学生，就算你不爱他，至少你喜欢他还是胜过你的丈夫。这一点从你所说的话里很容易就能听出来。”

"不，"她喊道，仍然坐着，只伸手去抓K的手，他没有及时把手抽走。"你现在不能走，你不能带着对我的错误判断而走。你真的忍心现在就走吗？我真的这样毫无价值，就连帮我一个忙，在这里多待一会儿，你都不愿意吗？""你误会我了，"K说，坐了下来，"如果你真的在乎要我留在这里，那我很乐意留下来，我反正有时间，毕竟我到这儿来是以为今天这里会有一场审讯。我先前那样说，只是想请你不要插手我的官司。但你也不必因此而感到难过，你想一想，我根本不在乎这桩官司的结果，对于判决我只会一笑置之。这是假定这场官司果真会有结果，对于这一点我很怀疑。我其实认为，这个司法程序已经由于那群公务人员的懒惰、健忘、甚至是恐惧而中止，或是在不久之后即将中止。不过，他们也有可能为了收取大笔贿赂而做做样子，把官司继续进行下去，我现在就可以说他们这样做是白费心机，因为我不会贿赂任何人。你倒的确可以替我做一件事，可以去转告那位初审法官，或是另外哪个乐于散播重要消息的人，说我绝对不会被说动去行贿，不管他们使出什么花招都没用，那些先生想必有的是花招。你可以坦白地告诉他们根本不必指望。此外，说不定他们自己也已经察觉了这一点，而就算他们还没有察觉，我也并不介意现在就让他们知道。这只会替那些先生省点事，但也可以让我省点麻烦，不过，如果我知道每一项麻烦同时也是给对方的一次打击，那我会乐于忍受这些麻烦。而我会设法让事情就这样发展。你认识那个初审法官吗？”

“当然，”那女子说：“当我说要帮你时，我甚至第一个想到的就是他。我本来不知道他只是个低阶官员，不过既然你这么说，你说的大概就没错。尽管如此，我相信他往上呈递的报告多少还是有点影响力。而他写的报告真多。你说公务员懒惰，但肯定不是每个人都这样，这个初审法官尤其不懒惰，他写了很多东西。举例来说，上个星期天，会议一直开到将近晚上。所有的人都走了，但是那个初审法官还留在审讯室里，我得拿一盏灯去给他，我只有一盏厨房用的小灯，但是有那盏灯他就满意了，立刻写了起来。那时候我先生也已经回来了，每个星期天刚好都是他的休假日，我们把家具搬回来，再把房间布置好，后来又有邻居来，我们还就着烛光聊天，总之，我们忘了那个法官还在，就去睡觉了。夜里我突然醒来，那时想必已经是深夜了，那个法官站在床边，用手遮住那盏灯，免得光线照到我先生，其实那没有必要，我先生睡得很熟，就算是有光线也不会弄醒他。我吓了一大跳，差点尖叫起来，但那个法官却很和气，提醒我要小心一点，轻声对我说他一直写到现在，说他现在把那盏灯拿来还我，还说他永远不会忘记我睡觉时的模样。我说这些只是想告诉你，那个初审法官的确写了很多报告，尤其是针对你，因为你的受审肯定是星期天开会的重点。而这么长的报告总不可能完全没有意义。另外，从那件事你也可以看出那个初审法官在追求我，他一定是现在才注意到我，而在刚开始这段时间里，我正好会对他有很大的影响力。他很在乎我，关于这一点，我还有别的证据。昨天他请那个大学生拿了丝袜来送我，那个大学生是他的同事，很受他信赖。据说他送我丝袜是因为我整理了那间审讯室，可是这只是个借口，因为这本来就是我的义务，为了这件工作他们付钱给我先生。那是很漂亮的丝袜，你看——”她伸直了腿，把裙子拉到膝盖上，自己也看着那双丝袜，“这袜子很漂亮，可是其实太精致了，并不适合我。”

她突然停止说话，把手放在K的手里，像是要安抚他，轻声低语：“别出声，贝尔托在看着我们！”K缓缓抬起头。在审讯室的门里站着一个年轻人，他个子矮小，一双腿有点弯，蓄着短而稀疏的红色络腮胡，来替自己增添一点威严，手指不停抚弄着胡子。K好奇地看着他，毕竟这是他头一次亲身遇见一个研究那陌生法学的大学生，此人将来说不定会升至更高的职位。那个大学生却根本不理会K，只是把一根手指头暂时从他的胡子里抽出来，用那根手指向那女子示意，然后走到窗边。那女子朝K俯下身子，轻声低语："请不要生我的气，我求求你，也不要把我想得很坏，现在我得到他那儿去，到这个讨厌鬼那儿去，看看他那双歪扭的腿。可是我待会儿就会回来，然后我就跟你走，如果你带我走，你去哪儿我就去哪儿，你想怎么待我都可以。如果我能尽量离开这里久一点，我会很快乐，不过最好是能永远离开。"她又摸了摸K的手，跳起来，跑到窗边。K还不由自主地伸手去抓她的手，却没有抓到。

这个女人的确在引诱他，而尽管他再三思量，却也想不出任何站得住脚的理由，为什么他不该接受引诱。反对的念头一闪而过，警告他这个女人可能是遵照法院的指示，诱使他落入圈套。而他轻易地打消了这个念头，她能以什么方式引诱他落入圈套呢？他不是自由依旧，自由到可以任意蔑视整个法庭吗？至少是涉及他的这一小部分，他难道不能对自己有一点信心吗？而且她提议要帮他，听起来很真诚，也许并非毫无价值。再说，要报复那个初审法官和他的手下，最好的办法也许莫过于把这个女人从他们那儿抢过来据为己有。这样一来，当那个初审法官在辛辛苦苦地针对K写出谎话连篇的报告之后，在深夜里会发现那个女子的床是空的。而且之所以是空的，是因为她属于K，因为这个站在窗边的女子，这具丰满、灵活、温暖、穿着粗厚黑衣的身体完完全全只属于K。

撇开对这女子的疑虑之后，他觉得窗边那两人的窃窃私语讲得太久了，他用指节敲着讲台，然后又用拳头去敲。那个大学生越过女子的肩膀朝K瞥了一眼，但却不为所动，甚至还把身体跟那女子贴得更近了，搂住了她。她低着头，像是在专心听他说话，当她弯下腰，他大声亲吻她的脖子，却并没有停止说话。K从中看出那个大学生果然如那女子所抱怨的那样对她为所欲为。K站起来，在房间里来回踱步，斜眼瞄向那个大学生，思量着该如何尽快把他弄走。因此，当那个大学生开口说话时，K倒是挺高兴。K的来回踱步显然打扰了那个大学生——K的走动有时已经变成跺脚，大学生说："你要是不耐烦，大可以走。你其实早就可以走了，也不会有人想念你。没错，其实你早在我进来的时候就应该要走，而且越快越好。"他所有的怒气也许都在这番话里爆发，但其中却也含有未来的法院官员对一个不受欢迎的被告说话时的傲慢。

K在离他很近的地方站定，微笑地说："我是不耐烦没错，不过，解决这份不耐烦最简单的办法，就是你离开我们。如果你是到这里来读书的——我听说你是大学生——那我很乐意带着这女子一起离开，把地方留给你。顺带一提，在你成为法官之前，还得要读很多书。虽然我对于你们法律界并不熟悉，但我肯定，单单靠讲话粗鲁是远远不够的。不过，讲话粗鲁这件事你倒是不要脸地擅长得很。”“他们不应该让他这样自由地到处乱跑，”那个大学生说，仿佛想针对K这番侮辱的话向那女子提出一个解释，“那是个错误，我也这样对初审法官说了。在两次审讯之间至少应该要他待在他房间里。有时候真是弄不懂那个初审法官。”“少说废话。”K说，向那女子伸出手，“来吧。”“原来如此，”那个大学生说，“不，不行，你得不到她。”他用一只手抱起她，没想到他竟有这个力气，他弯着腰，往门边跑，一边温柔地抬起头来看她。看得出他对K有一点畏惧，尽管如此，他还是敢于进一步激怒K，用空着的那只手在那女子的手臂上又摸又揉。K跟在他旁边跑了几步，打算抓住他，必要的话将勒住他的脖子，这时候那女子说：“没有用的，那个初审法官要他带我过去，我没办法跟你走。这个讨厌的小鬼，”她用手在那个大学生脸上摸了一把，“这个讨厌的小鬼不会让我走。”“而你也并不想被解救，”K喊道，用手按住那个大学生的肩膀，对方则用牙齿去咬他的手。

“不，”那女子大叫，用两只手把K推开，“不，不，千万别这样，你在想什么！这样做会给我带来不幸。请你放开他吧，求求你，放开他吧。他只不过是执行初审法官的命令，把我带到他那儿去。”“那就让他去吧，而我再也不想见到你了。”K怒气冲冲地说，出于失望，从那大学生的背后推了他一把。大学生踉跄了一下，庆幸自己没有跌倒，随即带着怀中的重负跳得比之前更高。K慢慢走在他们后面，看出这是他第一次确实败在这些人手中。当然，他毫无理由为此感到害怕，他之所以遭受失败，乃是因为他去寻衅。假如他留在家里，过着平日的生活，那么他比这些人要优越千百倍，可以把每一个挡了他路的人一脚踢开。他想象着最可笑不过的情景，例如这个可悲的大学生，这个自以为了不起的小子，这个弯腿的大胡子，跪在艾尔莎的床前，双手交握，恳求她垂青。这个想象让K十分开心，乃至于他决定只要有机会，就要带这个大学生一起去找艾尔莎。

出于好奇，K又跑到门边，想看看那女子会被抱到哪里去，那个大学生总不可能抱着她过马路。结果他发现他们所走的路要短得多，就在这间住屋的大门对面，有一道窄窄的木梯，大概是通往阁楼的，这道楼梯拐了一个弯，所以看不见尽头。那个大学生从这道楼梯把女子抱上楼，这会儿走得很慢，还一边喘着粗气，因为跑这一段路已经耗尽了他的力气。那女子伸手向K打招呼，耸耸肩膀，表示这番诱拐错不在她，但是这个动作并没有带太多遗憾。K面无表情地看着她，像是看着一个陌生人，他既不想泄露出失望之情，也不想泄露出他很容易就能克服这份失望。

那两人已然不见踪影，但K仍然站在门边。他不得不认为，那女子不但欺骗了他，而且她声称自己要被抱到初审法官那儿也是谎话。初审法官总不可能坐在阁楼上等。再怎么盯着那道木梯看，也看不出什么端倪。此时K注意到在楼梯旁有张小纸条，便走过去，读出那孩子般不熟练的字迹："法院办事处入口"。这么说来，法院办事处位于一栋出租公寓的阁楼上。这样的机构无法让人产生多少敬意，对于被告来说，这倒是令人心安，想到这个法院能用的经费居然这么少，不得不把办事处设在这些房客堆放无用杂物的地方，而这些房客本身就已经够穷了。不过，也有可能是他们虽有足够的经费，但是早在那些钱被用于法院事务之前，就被那些官员给侵占了。根据K到目前为止的经验，这种情况极有可能。不过，如若法院果真如此堕落，对于被告来说固然是种侮辱，但也给他带来了些许希望，比法院只是穷更好。

如今K也明白了对方何以在第一次问话时羞于把被告传唤到这个阁楼上来，而宁愿去他的住处打搅他。相对于这位坐在阁楼里的法官，K的地位何其高，他在银行里拥有一间附有接待室的大办公室，隔着一大片玻璃，可以向下眺望热闹的市区广场。只不过他没有从受贿和贪污中赚取外快，也不能派手下去把哪个女人抱进办公室。可是K乐意放弃这些，至少是在这一辈子。

K还站在那张纸条前面，此时一名男子从楼下上来，从敞开的门望进客厅，从客厅也能望进那间审讯室，最后他问K不久之前是否在这里见过一个女子。"你是那个法院工友，对吧?""是的，"那男子回答，"噢，你是那个被告K，现在我也认出你来了，欢迎。"他向K伸出了手，完全出乎K的意料。K没有说话，于是那个法院工友说，"可是今天并没有通知要开庭。""我知道。"K说，打量着这个法院工友的制服外套，这外套唯一像是官方制服之处在于除了几颗普通的钮扣之外，还有两颗镀金钮扣，看来像是从一件旧的军大衣上拆下来的。"不久之前我跟你太太说过话。她已经不在这儿了，那个大学生把她抱到初审法官那儿去了。""看吧，"那个法院工友说，"他们老是把她从我这儿抱走。今天明明是星期天，我没有工作的义务，可是就为了把我从这里支开，他们派我出门，去做一件肯定没有必要的通报。而且他们没有派我到很远的地方去，让我还怀着希望，心想如果我动作快一点，也许还能及时赶回来。所以我尽快跑到我被派去的那个公家机关，对着门缝把我要通报的事喊出来，我喊得上气不接下气，对方可能都听不懂，我又急忙跑回来。可是那个大学生的动作比我还快，不过他可以抄近路，只需要从通往顶楼的楼梯跑下来。要不是我这么依赖他们，我早就把那个大学生在这面墙上压扁了，就在这张纸条旁边。我一直梦想着这么做。他被紧紧压在这个地方，比地板高一点，手臂伸开来，手指张开，两条弯腿被扭成圆圈，四周都是斑斑血迹。但是到目前为止，这只是一个梦。”

“没有别的办法吗？”K微笑着问。“我不知道有什么办法，”那个法院工友说，“而现在的情况更气人了，之前，他只把她抱到他那儿去，现在他还把她抱到初审法官那儿去，不过这早就在我意料之中。”“难道你太太在这件事情上都没有错吗？”K问，他得要克制住自己，因为他此刻也感到十分嫉妒。“她当然有错，”那个法院工友说，“她的错甚至是最大的，是她去黏着他。至于他，所有的女人他都要追。单是在这栋屋子里，他就已经偷溜进五间公寓，又被赶了出来。不过，我太太是这整栋屋子里最漂亮的，而偏偏我没办法自卫。”“如果事情是这样的话，那的确是没有办法。”K说。“怎么没有？”那个法院工友问，“那个大学生是个胆小鬼，只需要在他想碰我太太的时候把他痛揍一顿，让他从此以后再也不敢这么做就可以了。可是我不能揍他，而其他人也不会帮我这个忙，因为大家都害怕他的势力。只有像你这样的人才可以揍他。”

“怎么会是我呢？”K诧异地问。“你不是被控告了吗？”那个法院工友说。“没错，”K说，“可是我岂不是更得要担心？就算他对审判的结果没有影响力，但说不定能够影响初审。”“对，没错。”那个法院工友说，仿佛K的看法跟他自己的看法都一样正确。“不过，在我们这儿通常不会处理毫无指望的官司。”“我跟你看法不同，”K说，“但是这并不妨碍我找机会修理一下那个大学生。”“那样的话我会很感激。”那个法院工友客套地说，看来他其实并不相信自己能够一偿夙愿。K继续说：“也许你们这儿其他的公务人员也该被教训一下，甚至是所有的人。”“对，对。”那法院工友说，仿佛这是件理所当然的事。接着他用信赖的眼神看着K，到目前为止，虽然他很友善，却不曾用过这种眼神，他又加了一句：“人总是会反抗。”不过，这番谈话似乎还是开始让他感到不自在，因为他没有把话讲完，转而说：“现在我得去办事处报到，你想一起来吗？”“那儿没有我的事。”K说。“你可以去看看那些办事处。不会有人来管你。”“那值得一看吗？”K犹豫地问，但却很有兴趣一起去。“嗯，”那个法院工友说，“我觉得你会感兴趣。”“好吧。”K终于说，“我跟你一起去。”他跑上了楼梯，跑得比那个法院工友还快。

走进去时K差点跌倒，因为在门后还有一道台阶。“他们不怎么替大家着想。”他说。“他们根本不替任何人着想，”那法院工友说，“光是看看这间等候室就知道了。”那是一道长廊，简陋的门从这里通往这阁楼上的各个办公室。虽然没有光线直接照进来，却也不完全是黑的，因为有些办公室并没有用木板墙隔开，只是装着一排高达天花板的木栅栏，从栅栏里透出一些光线，透过栅栏也看得见几个公务员，他们有的在桌前写字，有的站在栅栏边，从缝隙里观察走廊上的人。走廊上人不多，也许因为今天是星期天。他们的样子很朴素。走廊两侧摆着两排长长的木凳，他们以近乎规律的间隔坐在上面。所有的人都穿得很随便，尽管从脸部表情、姿势、胡子的式样和许多不易确认的小细节来看，他们大多属于中上阶层。由于那里没有挂衣帽的钩子，他们把帽子放在长凳下面，大概是看到有人这么做，就一个接一个地这么做了。当那些坐得离门最近的人瞥见K和那个法院工友时，就站起来打招呼；其他人看见他们这么做，就认为自己也得要打招呼，于是在他们两个走过时，所有的人都站了起来。他们始终没有完全把身体站直，而是驼着背，弯着膝盖，像街上的乞丐一样站着。K等着稍微落在他后面的法庭工友，说："他们真是卑躬屈膝。""是的，"那法院工友说，"那些是被告，你在这里看见的全都是被告。""真的吗？"K说，"那他们等于是我的同行。"于是他转身朝向旁边一个高高瘦瘦、头发几乎已经灰白的男子，有礼貌地问："你在这里等待什么呢？"

那人没有料到会有人跟他说话，一时不知所措，他的不知所措显得格外令人难堪，因为他显然是个见过世面的人，在别的场所肯定能够泰然自若，而且不会轻易放弃他胜过许多人而赢得的优越地位。然而在这里他却不晓得该如何回答这么简单的一个问题，他望向其他人，仿佛他们有义务帮他，仿佛要是没人帮他，就没有人能够要求他做出回答。此时那个法院工友走过来，为了安抚他并鼓励他，说道："这位先生只不过是问你在等什么，你就回答了吧。"法院工友的声音那人大概认得，所以收到了比较好的效果："我在等——"他起了个头，又停顿下来。显然他之所以这样起头，是为了要准确地回答这个问题，此刻却不知道接下来要说什么。几个等待的人走过来，把他们围住。那法院工友向他们说："走开，走开，把过道空出来。"他们稍微退后了一点，但是并没有回到原先的座位上。

此时那个被问的人打起精神，甚至带着一丝微笑地回答："我在一个月前就我的案子提出了几项证据调查申请，我在等事情解决。""看来你费了许多心。"K说。"是的，"那人说，"毕竟这是我的官司。""不是每个人的想法都跟你一样，"K说，"就拿我来说吧，我也被控告了，但是我可以对天发誓，我既没有提出证据调查申请，也没有做任何类似的事。你觉得这么做有必要吗？""我不太清楚。"那人说，又变得毫无把握。他显然认为K在跟他开玩笑，因此大概巴不得把他之前的回答再重复一次，以免又犯下什么新错误，但是在K不耐烦的目光下，他只说："就我而言，我提出了证据调查申请。""你大概不相信我被控告了。"K问。"噢，怎么会，一定是真的。"那人说，稍微往旁边靠了一点，但是从他的回答里听不出相信，只听得出恐惧。"所以说你不相信我？"K问，抓住那人的手臂，由于那人性格温顺，K忍不住觉得该这么做，仿佛想强迫对方相信。但他不想弄痛对方，也只是轻轻抓住他，尽管如此，那人却叫了起来，仿佛K不是用两根手指头抓住他，而是用一把烧红的钳子。这声可笑的叫喊让K彻底对他感到厌烦；如果别人不相信他被控告了，那还更好；说不定对方甚至以为他是个法官。此刻在道别时，他真的把那人抓得更紧，把他推回长凳上，自己继续往前走。“大多数的被告都很敏感。”那个法院工友说。此刻，在他们身后，凡是在等待的人几乎都围在那人身边，似乎在仔细询问他刚才发生的事，那人已经不再喊叫。这时候一名警卫朝K迎面走来，能看出他是警卫主要是由于他身上的佩剑，那佩剑的剑鞘是铝制的，至少从颜色看来是如此。K对此感到惊讶，甚至想伸手去摸。那警卫是被那声叫喊引来的，他问发生了什么事。那个法院工友设法用几句话来让他放心，但是那警卫表示自己还是得去看一下，就行了个礼，继续往前走，步伐急促但是很小，大概是由于痛风而无法迈出大步。

没多久，K就不再去管那名警卫和走廊上的那群人了，尤其是他看出大约在走廊中间处，可以穿过一个没有门的出入口，向右转。他向那个法院工友打了个手势，问这条路是否正确，法院工友点点头，而K果真从那里转了进去。他不喜欢自己老是得走在那法院工友前面一两步，看起来好像他正被押解，至少在这个地方会给人这种感觉。于是他常常等那个法院工友跟上来，可是这人马上就又落在后面。为了终止这种不愉快的感觉，K终于说："既然我已经看过这里是什么样子，现在我想走了。""你还没有看到全部。"那个法院工友说，完全不带恶意。"我并不想看到全部，"K说，再说他也真的有点累了，"我要走了，到出口要怎么走？""你该不会已经迷路了吧，"那个法院工友惊讶地说，"你从这里走到那个转角，然后向右沿着走廊一直走到门口。""你跟我一起来，"K说，"替我指路，这里有这么多条路，我会错过那条路的。""那是唯一一条路，"那个法院工友说，这会儿已经语带责备，"我不能再跟你一起走回去，我还得去传达消息，为了你，我已经耽误很多时间了。""你跟我一起来！"K又说了一次，这一回比较尖锐，仿佛他终于逮到那个法院工友说了句假话。"你别这样大声喊，"那个法院工友轻声地说，"这里到处都是办公室。如果你不想独自往回走，就再跟我一起走一小段路，或是在这里等，等我通报完毕，我很乐意再跟你一起往回走。""不，不，"K说，"我不要等，你现在就得跟我一起走。"K甚至看都没看他现在所处的地方，直到周围那许多木门当中的一扇打开了，他才回过头去。

一个女孩大概是听见 K 在大声说话，走过来问道：“这位先生有什么事吗？”在她身后，在一片昏暗之中，还远远地看见有一个男子正朝这边走过来。K 看着那个法院工友，这人明明说过不会有人来管他，结果现在已经来了两个，只需要一点动静，这群公务员就注意到他了，他们要他解释他为什么在这里。声称他是被告，想得知下一次审讯的日期，这是唯一能被理解和被接受的解释，但他偏偏不想这样解释，尤其是这也与事实不符，因为他来这里只是出于好奇，或者说他是想确认这个法律机构的内部就跟外观一样令人作呕，可是要这样解释更不可能。而且看来他想的没错。他不想再往里面走，到目前为止他所看到的就已经让他觉得透不过气来了，此刻他实在没有心情来面对更高阶的公务员，这公务员可能从每一扇门后出现，他想走，而且想跟那个法院工友一起走，如果必要的话，他也会自己走。

可是他这样不吭声地站在那里，想必很引人注目，女孩跟那个法院工友也果真盯着他看，仿佛在下一分钟他就会产生某种巨大的变化，而他们不想错过观察的机会。而 K 之前远远望见的那个男子站在门里，抓着那扇矮门的门梁，踮着脚尖微微摇晃，像个不耐烦的观众。不过，还是那个女孩最早看出 K 的举止是由于身体微感不适，她搬来一张椅子，问道：“你要不要坐下来？”K立刻坐下，把手肘撑在扶手上，以求坐得更稳。“你有点头晕，对吧？”她问他。此刻她的脸离他很近，脸上有种严肃的神情，有些女子正是在最美的青春年华带有这种表情。“别担心，”她说，“这种事在这儿很普通，几乎每个人第一次到这儿来的时候都会发作一次。你是第一次来吧？嗯，所以说这很普通。太阳照在屋梁上，把木头晒热了，空气变得污浊而沉重，因此这个地方不是很适合拿来做办公室，哪怕它有很大的优点。说到空气，在人来人往的日子里简直让人无法呼吸，而几乎每天人都很多。另外这儿也常常挂着要晾干的衣物——没法完全禁止那些房客这么做——把这些都考虑进来，你就不会再纳闷自己何以感到不舒服。不过，久而久之，大家就习惯这种空气了。等你第二次或第三次再到这儿来，多半就不会再有这种喘不过气来的感觉。你觉得好一点了吗？”

K没有回答，由于这突如其来的虚弱而得在这里任由别人摆布，他觉得很难为情，此外，在得知他感到不适的原因之后，他不但没有觉得好一点，反而觉得更不舒服。那女孩立刻察觉了，为了让K能有一点新鲜空气，她拿起一根靠在墙边的带钩棍子，撑开了在K正上方的小天窗，那个天窗通往户外。可是因为有许多煤灰掉下来，那女孩随即又把天窗关闭，用手帕擦掉K手上的煤灰，因为K累得无法自行处理。他很想静静地坐在这里，直到他有足够的力气走开，而别人越不要来照顾他，他的力气想必就会恢复得越快。此刻那个女孩却说："你不能待在这里，在这里我们会阻碍交通"——K用眼神询问他在这里妨碍了什么交通——"如果你愿意的话，我带你到病房去。""请过来帮个忙。"她向门边那个男子说，那人也随即走近。但是K不想到病房去，他根本不想再被人带着走，他走得越远，情况想必就越糟。因此他说："我已经能走了。"由于之前坐得太舒服了，他颤巍巍地站起来，但却无法站直。"还是不行。"他摇摇头说，叹了口气，又坐了下来。他想起那个法院工友，不管怎么样，那个工友都能轻易地带他走出去，可是那人似乎早就溜走了。K从那个女孩和站在他面前的那个男子之间望过去，却未能发现那个法院工友。

"我认为，"那个男子说，他的穿着很体面，一件灰色的背心尤其显眼，背心下摆剪裁成两个锐利的尖角，"这位先生之所以身体不适是由于这里的气氛，所以最好不要带他到病房去，干脆带他离开这个办事处，我想他也宁愿这样。""没错，"K喊道，出于喜悦，几乎打断那个男子的话，“我一定马上就会好多了，我也根本没有那么虚弱，只需要有人搀我一把，我不会让你们太费力，这段路也并不长，你们只需要带我到门边，然后我在台阶上再坐一会儿，就会立刻恢复，因为我本来没有这种毛病，我自己也很惊讶会这样。我也是坐办公室的，很习惯办公室里的空气，可是这里的空气似乎太差了。你们自己也这么说。那么，你们愿意好心地带我一下吗？因为我有点头晕，如果要我自己站起来，我会感到不舒服。”他把肩膀抬起来，好让那两个人能够很容易地搀住他。

可是那男子没有遵照他的要求，而平静地把双手插在裤袋里，大声地笑了。“你看吧，”他对那个女孩说：“我果然说对了。这位先生只是在这里觉得不舒服，并不是整体说来有什么不舒服。”女孩也露出微笑，但用指尖轻轻敲了一下那男子的手臂，仿佛他擅自开了K一个很大的玩笑。“你想到哪里去了，”那个男子说，仍旧笑着，“我当然会带这位先生出去。”“那就好。”女孩说，把她娇小的头部歪向一边。“不要太在意他的笑声，”那女孩对K说，K又闷闷不乐地凝视前方，似乎并不需要她来解释，“这位先生——我可以介绍你一下吧？”（那位先生把手一挥，表示许可）“这位先生是负责回答询问的。凡是那些等待的当事人所需要的答复，他都会给他们。由于民众对我们的法院体制不是很熟悉，他们有许多疑问，而他对所有的问题都有答案，如果你有兴趣的话，不妨考考他。不过，这不是他唯一的优点，他的第二个优点是他体面的服装。我们认为，所谓的‘我们’是指所有的公务人员，我们认为负责回答询问的人也应该要穿得体面，为了给对方庄重的第一印象，他总是在跟当事人打交道，而且是头一个跟他们打交道的人。可惜我们其他人穿的衣服就很差，而且老旧过时，这一点从我身上就可以看得出来。为了衣服花钱也没有什么意义，因为我们几乎一直待在办事处里，就连睡觉也在这里。不过，如同我刚才所说，我们认为负责回答询问的人必须穿着漂亮的衣服。由于我们无法从管理单位拿到，在这一点上，我们的管理单位有点奇怪，我们就捐款——那些诉讼当事人也捐了一些——替他买了这件漂亮衣服还有其他衣物。这一切都是为了给别人一个好印象，可是他却用他的笑声糟蹋了这个好印象，把那些人吓坏了。”

“的确是这样，”那位先生讥讽地说，“可是小姐，我不明白，你何必把这些内部的事告诉这位先生，或者应该说是硬要说给他听，因为他根本不想知道。看看他是怎么坐在那儿的，显然在想他自己的事。”K连反驳的兴致都没有，也许那女孩是出于好意，也许是想替他解闷，或是给他机会来集中精神，但这个方法却没有发挥作用。“我必须向他解释你的笑声，”那女孩说，“你的笑声很侮辱人。”“我认为只要我最后带他出去，再过分的侮辱他也会原谅。”K一言不发，甚至没有抬起眼睛，他容忍这两个人讨论他就像在讨论一件事情一样，他甚至宁愿这样。可是他突然感觉到那个负责回答询问的人把手放在他手臂上，女孩的手则放在他的另一只手臂上。“起来吧，你这个软弱的人。”那个询问处职员说。“多谢两位。”K惊喜地说，慢慢站起来，主动把别人那两只手移到他最需要支撑的部位。女孩轻声附在K耳边说：“看起来好像我很在乎让他给别人一个好印象，不过，你可以相信我只是想说出事实。他并非铁石心肠。他没有义务带生病的当事人出去，却还是这么做了，如你所见。也许我们当中没有人是铁石心肠，也许我们全都乐意帮忙，可是身为法院的公务人员，我们很容易给别人心肠很硬的印象，好像我们不愿意帮助任何人似的。这实在令我难过。”

“你要不要在这里坐一下？”那个负责回答询问的人问，他们已经来到走道上，就在之前K攀谈过的那个被告面前。K在他面前几乎感到羞耻，先前他是那般挺直地站在他面前，此刻却得要两个人扶着，他的帽子被那个负责回答询问的人用张开的手指滴溜溜地转动，他的发型整个乱了，头发垂在汗水淋漓的额头上。但是那个被告似乎什么也没注意到，恭敬地站在那个询问处职员面前，只想为了自己在这里而道歉，那人并未看着他。“我知道，”他说，“我的申请今天还不可能有结果。但我还是来了，我想我也许可以在这里等，今天是礼拜天，我反正有时间，而我在这里也不会打扰到别人。”“你不需要道歉，”那个询问处职员说，“你的谨慎很值得夸奖，虽然你没必要地占了这里的位置，但只要没有打扰到我，我完全不会阻止你密切注意你这桩案子的进展。看到有些人恬不知耻地忽略自己的义务，就会懂得耐心对待像你这样的人。你坐下吧。”“他真懂得跟当事人说话。”那女孩轻声地说。K 点点头，但随即吓了一跳，因为那个询问处职员再次问他：“你不要在这里坐下来吗？”“不，”K 说，“我不想休息。”他尽可能坚决地说，事实上，坐下来会让他觉得很舒服。他仿佛在晕船，觉得自己在一艘大船上，海上波涛汹涌，仿佛海水拍击着木板墙，仿佛海水翻腾的声音自走道深处响起，仿佛那走道横向摇晃，仿佛那些在等待的当事人往两边下沉又再浮上来。因此，带领他的那个女孩和那名男子的沉静显得更加令人费解。他只能任他们摆布，如果他们松开他，他就会像块木板一样倒下。他们的小眼睛来回交换着锐利的目光，K 感觉到他们规律的步伐，却没有跟上，因为他几乎是一步一步地被抬着走。

终于他意识到他们在对他说话，但却听不懂他们在说些什么，只听见那片填满一切的嘈杂，而依稀有一个不变的高亢声音在那片嘈杂声中响起，像是汽笛声。“大声一点。”他垂着头低语，觉得难为情，因为他知道他们说得够大声，尽管他没有听懂。此时总算有一股新鲜的气流迎面扑来，仿佛他面前那道墙裂开了，而他听见旁边有人说：“起初他想走，然后就算别人跟他说了一百遍这里是出口，他还是一动也不动。”K 发现自己站在出口的门前，女孩把门打开了。他觉得自己的力气好像顿时就恢复了，为了先体会一下自由的滋味，他随即踩在楼梯的一个台阶上，向陪同他的那两位道别，他们朝他俯下身子。“多谢了。”他又说了一次，一再跟那两人握手，直到他自以为看出，习惯了办事处空气的他们不太受得了楼梯上相对新鲜的空气时，他才松手。他们几乎无法答话，而如果不是 K 迅速把门关上的话，那女孩也许都要摔下来了。K 静静地站了一会儿，从口袋里掏出一面镜子，用手把头发弄整齐，拾起帽子——帽子就放在他下边的楼梯上，大概是被那个询问处职员扔下来的——

然后神清气爽地迈着大步朝楼下走去。这骤然的改变令他有些担心起来。他的健康状况一向颇为可靠，还从未给他带来这样的意外。莫非他的身体也想闹革命，想给他制造一场新的官司，由于他轻松地承受了原先这一场？他不排斥改天找个机会去看医生，但无论如何——这一点他自己就可以拿定主意——他决定从今以后要把每一个星期天的上午用在更好的事情上。

打手

几天后的一个晚上，K经过隔开他办公室跟主要楼梯的走道——这天他几乎是最晚回家的一个，只有收发室里还有两名工友在昏暗的灯光下工作——此时他听见从一扇门后传出了叹息，他一直以为那扇门后只是个杂物间，但从未进去看过。他诧异地停下脚步，再一次竖耳倾听，好确认自己是否听错了。有一会儿的时间静悄悄的，然后叹息声又再度响起。起初他想去叫工友来，说不定会需要有人作证，但他心中涌起一股难以抑制的好奇，于是他几乎是将门一把扯开。他想得没错，那是个杂物间。门槛后面散放着无用的旧印刷品和翻倒的陶制空墨水瓶。然而却有三名男子站在房间里，还在这个低矮的空间里弯着腰。一支蜡烛被固定在一个架子上，替他们照明。

“你们在这里做什么？”K问，由于激动而说话急促，但是音量并不大。其中一人显然控制着另外两人，因此首先吸引住K的目光，那人穿着一件深色皮衣，从脖子直到胸前下方都裸着，两条手臂也完全赤裸。他没有回答，但另外两人喊道："先生！我们得挨鞭子，因为你在初审法官那儿抱怨我们。"此时 K 才认出来，那两人果然是法兰兹和威廉那两个守卫，而第三个人手里拿着一条鞭子要打他们。"嗯，"K 说，盯着他们看，"我没有抱怨，我只说了在我的住处所发生的事。而你们的行为也并非无可指责。""先生，"威廉说，此时法兰兹设法躲在他身后，显然想保护自己，躲过那手持鞭子的人，"如果你知道我们的待遇有多差，你对我们的看法就会有所不同了。我有一家人要养活，而法兰兹要结婚，我们想尽办法赚点意外之财，光靠工作是没办法的，哪怕再拼命工作也一样，你那些高档衣物对我来说是种诱惑，守卫当然是被禁止这样做的，这样做的确不对。可是相信我，囚犯的衣物一向属于守卫，这已经形成惯例了。而且这也不难理解，因为对于那个不幸被捕的人来说，这些东西哪还有什么意义？可是如果他公开提起这件事，守卫就必须受到处罚。""你现在说的情况，我先前并不知道，我也绝对没有要求处罚你们，我在乎的只是原则。""法兰兹，"威廉转向另一名守卫，"我不是跟你说了吗？这位先生并没有要求处罚我们。现在你听见了，他甚至并不知道我们得接受处罚。""你别被这些话给影响，"第三个人对 K 说，"这处罚是公正的，而且无法避免。""别听他的，"威廉说，可是因为手被鞭打了一下，他迅速把手抬到嘴边，稍微停顿了一下，“我们之所以被处罚，只是因为你检举了我们，否则我们就不会有事，哪怕有人知道我们做了什么。这能够称为正义吗？我们两个，尤其是我，长期以来证明了自己身为守卫的能耐——你自己也得承认，从政府机关的角度来看，我们看守得很好——我们有希望晋升，肯定很快就能成为打手，就跟这个人一样。他只不过是运气好，没有被任何人检举，因为像这种检举实在很少见。而现在，先生，一切都完了，我们的职业生涯结束了，将得从事比守卫更低阶的工作，而且现在还得接受这一顿毒打。”

“这条鞭子打人会这么痛吗？”K问，打量那名打手在他面前挥动的鞭子。“我们得要把衣服脱光。”威廉说。“原来如此。”K说，更加仔细地端详那个打手，那人晒得跟水手一样黑，有张精力充沛的脸，带着野气。“难道没办法让他们免于被打吗？”K问他。“没有。”打手说，微笑地摇摇头。“把衣服脱掉。”他命令那两名守卫，对K则说：“你不必完全相信他们的话。他们因为害怕被打，已经变得有点神智不清了。举例来说，这个人，”——他指着威廉——“说他可能晋升的事，简直就是可笑。你看，他有多胖——头几鞭根本就只会打到那些肥肉——你知道他怎么会变得这么胖吗？他习惯吃掉每个被捕之人的早餐。他不是也把你的早餐吃掉了吗？我就说嘛。挺着这么一个大肚子的人永远不可能成为打手，这是绝对不可能的。”“也有这样的打手。”威廉声称，他正在解开长裤的皮带。“不!”打手说，并用鞭子扫过他的脖子，把他吓了一跳。“你不该听我们说话，而应该脱掉衣服。”“如果你放了他们，我会好好奖赏你。”K说，掏出皮夹，没有再去看那个打手——这种事最好是在双方都垂下目光时进行。“你大概是日后也想检举我吧，”那个打手说，“让我也得挨打。不行!”“你理智一点吧，”K说，“假如我当初想要这两个人受处罚，我现在就不会替他们赎身了。我可以就这样关上这扇门，什么也不再看，什么也不再听，就这样回家去，但我没有这么做，反而认真地想解救他们。假如我预先知道他们将会受到处罚，或者只是有可能会受罚，那我就绝对不会提起他们的名字。因为我根本不认为他们有过失，有过失的是那个组织，是那些高阶公务员。”“没错。”那两名守卫喊道，他们已经赤裸的背上立刻挨了一鞭。“假如此刻在你鞭子底下的是个高阶法官，”K说，一边把那已经又再举起的鞭子往下按，“那我就不会阻止你打下去，正好相反，我还会给你钱，让你更起劲地来做这件好事。”“你说的话听起来很可信，”打手说，“但是我不接受贿赂。我是被雇来打人的，我就得打他们。”守卫法兰兹到目前为止一直保持观望，也许是期待 K 的干预会有好的结果，此时只穿着裤子的他走到门边，抓着 K 的手臂，跪下来低语：“如果你保护不了我们两个人，那至少想个办法救救我。威廉年纪比我大，从各方面来说都比较不敏感，而且他在几年前就已经受过轻度挨打的处罚，我却还没有受过这种侮辱，再说我会那样做也只是因为威廉的缘故，好事和坏事我都是跟他学的。在楼下，我可怜的未婚妻还在银行门口等我，我实在惭愧极了。”他用 K 的外套擦干自己流满泪水的脸。

“我不再等了。”打手说，用双手握住鞭子，朝法兰兹打下去，威廉蜷缩在一个角落，偷偷地望过来，连头都不敢动一下。此时法兰兹尖叫起来，那叫声持续不断，仿佛不是一个人发出的，而是由一件被折磨的乐器发出的，响彻整个走道，整栋屋子想必都听见了。“别叫，”K 喊道，他紧张地朝着工友势必将会出现的方向望去，忍不住推了法兰兹一下，力量不大，但足以让那个失去知觉的人倒下，痉挛地用双手摸索着地面。但他逃不过那顿打，就算躺在地上，鞭子也找得到他，他在鞭子下翻滚，鞭子的末梢规律地上下舞动。而一名工友也已经在远处出现，另一名跟在他身后。K 迅速把门甩上，走到旁边临着院子的一扇窗前，把窗户打开。那声尖叫完全停止了。为了让那两名工友不要走过来，他喊道：“是我。”“经理先生，你好，”对方回喊，“出了什么事吗？”“没有，没有，”K回答，“只是一只狗在院子里叫。”等到那两名工友果然站住不动，他又加了一句：“你们可以回去做你们的事。”为了不必跟那些工友谈话，他从窗户探身出去。等他过了一会儿再望进走道时，他们已经走了。

但此刻K留在窗边，他不敢再走进那个杂物间，却也不想回家。他向下望去，看见一个四方形的小院子，四边都是办公室，所有的窗户此刻都已一片漆黑，只有最上方的窗玻璃反射出些许的月光。K吃力地望进院子一角的黑暗中，几部手推车错落地搁在那儿。他很难过自己没能阻止那场殴打，可是事情没能成功不是他的错，假如法兰兹没有尖叫——没错，那想必很痛，可是在关键时刻一个人应该控制自己——那么K还能想办法来说服那个打手，至少有这种可能。如果所有的低阶公务员都是无赖，那个打手又怎么可能会是例外，他的职务最没有人性，K也看得很清楚，他在看那些钞票时眼睛闪闪发亮，他之所以认真打人，显然只是想把贿赂的金额再提高一点。而K也绝不会省这个钱，他是真心想救那两名守卫，既然他已开始对抗这个法庭机构的腐败，那他自然也该从这方面着手。然而法兰兹一开始尖叫，一切就完了。K不能让工友和其他可能出现的人发现他在杂物间和这伙人谈判，谁也不能要求他做这种牺牲。如果真的需要作出牺牲的话，K宁愿脱掉自己的衣服，代替那两名守卫挨打，这似乎更容易一些。再说那个打手肯定不会接受这种替代，因为这样一来，他既得不到任何好处，反而可能严重失职，说不定这损害还是双重的，因为当K还在受审阶段，法院的所有人员想必都不准伤害K。不过，在这件事上也可能会适用特别的规定。无论如何，K除了把门关上别无选择，尽管如此，关上门并不表示K完全排除了所有的危险。他最后还推了法兰兹一把，这件事令人惋惜，只能用他过于激动来辩解。

他听见工友的脚步声在远处响起，为了不引起他们的注意，他关上窗户，朝着主楼梯的方向走去。在杂物间的门旁他停了一会儿，竖耳倾听，里面一片安静。那人说不定把两个守卫打死了，他们现在简直是任由他宰割。K已经把手伸向门把，却又缩了回来。他谁也帮不了了，而且那两名工友想必马上就会过来，但他发誓还会把这件事提出来，就他能力所及，让那些真正有过失的人受到应有的惩罚，那些高阶官员，他们之中还没有人敢在他面前现身。当他走下银行的露天台阶，他仔细观察所有的行人，但是放眼望去并没有看见有哪个女孩像在等人。这证明了法兰兹说他未婚妻在等他是个谎话，只不过这谎话的目的在于唤起更大的同情，完全可以原谅。

到了第二天，那两名守卫的样子依然萦绕在K脑中。他在工作时心神涣散，为了把工作做完，得在办公室里待得比前一天更久。当他要回家时再度经过那个杂物间，他像是出于习惯一样打开门。他原以为会看见一片黑暗，而眼前所见令他无法理解。一切都没有改变，一如他昨晚打开门时所见。门槛后面的印刷品跟墨水瓶、手持鞭子的打手、那两名还穿着全部衣服的守卫、架子上的蜡烛，而那两名守卫开始诉苦，喊道："先生！"K立刻把门摔上，还用拳头往门上敲，仿佛这样一来门会锁得更牢。他差点要哭出来，跑去找那几个工友，他们平静地在复印机旁工作，讶异地停了下来。"杂物间该整理一下了吧，"他喊，"我们都要被脏东西淹没了。"那些工友愿意在隔天去整理，K点点头，此刻已是晚上，他不能在这么晚的时间还强迫他们去做，虽然他原本是这么打算的。他坐了一下，想把那些工友留在身边一会儿，于是弄乱了几张复印出来的纸张，自以为能让人以为他在检视，但因为看出那些工友不敢跟他同时离开，他就疲倦而恍惚地回家了。

叔叔
蕾妮

一天下午——K正忙着处理要交送邮寄的书信——K的叔叔卡尔从两名正要送文件进来的工友中间挤进办公室里，他是个乡下的小地主。K看见叔叔时吓了一跳，但是要比他长久以来想到叔叔会来而受到的惊吓来得小。大约这一个月以来，K就已经确定了叔叔一定会来，当时叔叔的样子就已经如在眼前：微欠着身子，左手拿着压凹的巴拿马草帽，右手从老远就向他伸出来，在不顾一切的仓促中把手越过办公桌递过来，把所有挡住他去路的东西都碰倒。这位叔叔总是匆匆忙忙地行事，他在首都总是只停留一天，而他摆脱不了那个不幸的念头，认为他在这一天里必须把他打算处理的一切全部都处理完，而碰巧出现的谈话或生意或消遣也都不能错过。他曾经是K的监护人，因此K对他格外有义务，叔叔来的时候，K得在各种事务上帮忙，此外还得让他在自己那儿过夜。K习惯称他为“乡下来的鬼魂”。

打过招呼之后——K请他在靠背椅上坐下，但他没有时间——他立即要求单独跟K谈一谈。“这是必要的，”

他说着，吃力地咽着口水，“为了让我安心，这是必要的。”K立刻请工友出去，并且指示别让任何人进来。“你知道我听到了什么消息，约瑟夫？”叔叔喊道，当房间里只剩下他们俩时，他坐在桌子上，看也不看，就把好几份文件塞到屁股下，以求坐得更舒服一点。K沉默不语，他知道接下来会发生什么事；刚从辛苦的工作中放松下来，得让自己舒舒服服地待一会儿，他透过窗户望向街道的另一边，从他坐着的地方看去，只能看到街对面一段小小的三角地带，这是夹在两个商店橱窗之间的一小块空白围墙。

“你在看窗外！”叔叔举起手臂大喊，“看在老天的份上，约瑟夫，快回答我。那是真的吗？可能是真的吗？”“亲爱的叔叔，”K说，收拾起他的心不在焉，“我还根本不知道你来找我有什么事。”“约瑟夫，”叔叔语带警告地说，“就我所知，你向来说实话。那我该把你刚才这句话当成坏兆头。”“我已经猜到你是为了什么事而来，”K顺从地说，“你大概是听说了我的官司。”“没错，”叔叔回答，缓缓地点头，“我听说了你的官司。”“谁告诉你的？”K问。“艾尔娜写信告诉我的，”叔叔说，“她跟你没有来往，这很遗憾，你没怎么照顾她，尽管如此，她还是知道了。今天我收到她的信，立刻就搭车过来了。

没有别的原因，但这个原因似乎就足够了。我可以把信里关于你的部分念给你听。”他把那封信从皮夹里抽出来。“在这里。她写道：‘我已经很久没见到约瑟夫了，上星期我去了银行一趟，但是约瑟夫很忙，他们没让我进去。我等了快一个小时，但后来我必须回家，因为我有钢琴课。我很想跟他谈一谈，也许以后还会有机会。在我生日那天他送了我一大盒巧克力，他那样做很亲切，也很周到。当时我忘了写信告诉你们，直到你问起，我才想起来。你们得要晓得，在寄宿公寓里巧克力很快就会消失，你几乎还没意识到有人送了巧克力给你，东西就已经不见了。不过，关于约瑟夫，我还有件事要告诉你们：如同我刚才提到的，在银行里他们没有让我去见他，因为他正在跟一位先生谈事情。我静静地等了好一会儿，然后我问一位工友，他们是否还要谈很久。他说这很可能，因为那大概是涉及经理先生的那桩官司。我问那是桩什么样的官司，问他是否弄错了，他却说他没有弄错，那是一桩官司，而且很严重，但是其他的他就不知道了。他自己很想帮经理先生的忙，因为经理是个好人，又很公正，但是他不知道该怎么着手，只能希望那些具有影响力的先生会关照经理。他们也肯定会关照他，最后会有好的结局，可是从经理先生的情绪看来，目前的情况却一点也不好。我当然并不怎么重视这番话，也试着安慰这个头脑简单的工友，要他别跟其他人说起这件事，我把这整件事当成是闲话。尽管如此，亲爱的父亲，如果你下次去拜访时把事情弄个清楚，就太好了，对你来说，要得知更确切的情况会很容易，倘若有必要，你也可以通过你认识的那些有影响的朋友来插手干预。而若是没有必要——这也是最可能的情况——那么至少你的女儿很快会有拥抱你的机会，这让她太高兴了。'"叔叔念完了之后说："真是个好孩子。"随即擦干了眼中的泪水。

K点点头，由于最近的种种麻烦，他完全把艾尔娜给忘了，就连她的生日他也忘了，那个关于巧克力的故事显然是她编出来的，只是为了在叔叔和婶婶面前维护他。这很令他感动，从现在起，他打算定期寄剧院的票给她，而作为奖赏这肯定还不够，可是他自觉目前并不适合到寄宿公寓去探望她，跟这个十七岁的中学小女生聊天。"现在你有什么要说的？"叔叔问，女儿的那封信，让他忘了所有的仓促和激动，他又重新把信读了一遍。"是的，叔叔，"K说，"那是真的。""真的？"叔叔喊道，"什么是真的？怎么可能是真的？什么样的官司？该不会是刑事诉讼吧？""是刑事诉讼。"K回答。"你有一桩刑事诉讼缠身，现在还冷静地坐在这儿？"叔叔大喊，他的声音越来越大。“我越冷静，对事情的结果就越好，”K疲倦地说，“你别担心。”“这没法让我安心，”叔叔喊道，“约瑟夫，亲爱的约瑟夫，替你自己想一想，替你的亲戚想一想，替我们的好名声想一想。到目前为止你是我们的荣耀，你可不能变成我们的耻辱。”他歪着头看着K，“我不欣赏你的态度，只要还有一点力气，没有哪个无罪的被告会抱持这种态度。快告诉我是怎么回事，好让我来帮助你。事情想必是跟银行有关啰？”“不，”K说，站了起来，“亲爱的叔叔，你说话太大声了，那个工友说不定就站在门边偷听。这让我很是难堪，我们还是离开这儿吧，然后我就会尽我所能地回答你所有的问题。我很清楚，我有责任向家人解释。”“没错，”叔叔喊道，“对极了，那你就快一点吧，约瑟夫，动作快一点。”

“我只需要再交代几件事。”K说，打电话把他的代理人找来，没多久对方就进来了。由于激动，叔叔用手指了一下，让对方明白是K喊他过来，而这一点本来就毫无疑问。K站在办公桌前，用好几份文件轻声向那个年轻人说明，在K不在时还有哪些事必须在今天完成，那年轻人冷淡但专注地倾听着。叔叔在一旁干扰，先是睁大了眼睛，紧张地咬着嘴唇，站在一边，却没有注意听，光是他那副模样就已经是种干扰了。然后他又在房间里来回踱步，偶尔在窗前或是一幅画前停下脚步，一边不停嚷嚷，像是："我实在不懂"或是"现在你倒说说看这事儿该怎么收场"。那个年轻人假装根本没注意到，静静地把K交代的事听完，也做了些笔记，然后就走了，走之前还向K和他叔叔鞠了个躬，但叔叔正好背对着他，看向窗外，伸出双手把窗帘扭成一团。门才要关上，叔叔就喊道："这个唯命是从的家伙总算走了，现在我们也可以走了。终于！"

在前厅里，几个银行职员和工友四处站着，副行长也刚好从前厅走过，可惜K无法让叔叔不要在这里问起有关诉讼的事。"所以，约瑟夫，"叔叔这样起了个头，一边微微举手碰一下帽子，来向周围那些鞠躬的人答礼，"现在坦白告诉我，那是桩什么样的官司。"K支吾了几句，又笑了几声，到了楼梯上，他才向叔叔解释，说他不想在众人面前公开地谈起。"这很正确，"叔叔说，"不过现在说吧。"叔叔把头歪向一边，急促地抽着一根雪茄，听他说话。"首先，叔叔，"K说，"这根本不是件普通法庭上的官司。""这很糟。"叔叔说。"怎么说？"K说，看着他叔叔。"我的意思是这很糟。"叔叔又重复了一次。他们站在通往街道的露天台阶上，由于门房似乎在偷听，K拉着叔叔走下台阶。他们融入街上热闹的交通，叔叔挽着K的手臂，不再那么急切地问起那桩官司，有一会儿他们甚至默不作声地往前走。“可是事情是怎么发生的？”叔叔终于问道，骤然停下脚步，走在他后面的人吓了一跳，闪开了。“这种事情总不会突然发生，而是从很久以前就开始酝酿了，应该先前就有了征兆，为什么你没有写信告诉我？你知道，我会为你做任何事，说起来我也还是你的监护人，直到如今我都还为此自豪。当然，现在我也还是会帮你，只不过如今诉讼已经开始了，要帮你就很难了。无论如何，你现在最好是休几天假，到我们乡下来。现在我也注意到你瘦了一些，在乡下你能恢复体力，那是件好事，因为你肯定要面对一些累人的事。再说，这样一来，在某种程度上，你也可以避开法院。在这里他们拥有各种权力工具，可以随心所欲地拿它们来对付你；可是在乡下，他们先得要派人前往，不然就只能写信、拍电报、打电话来，效果当然就会减弱。这虽然不能使你自由，但是能让你松一口气。”

“但他们可以禁止我离开这里。”K说，叔叔的话让他不禁按照叔叔的思维逻辑去思考。“我不认为他们会这么做，”叔叔深思地说，“你的离开并没有让他们承受太大的权力损失。”“我原本以为，”K说，抓住了叔叔的手臂，以阻止他停下脚步，“你会比我更不看重这整件事，现在你却把事情看得这么严重。”“约瑟夫，”叔叔喊道，想要把K甩开，以便能停下脚步，可是K不放开他，“你变了，你一向拥有正确的理解力，偏偏现在没有了吗？难道你想输掉这场官司吗？你知道这意味着什么吗？这意味着你将就此被除名。所有的亲戚都会被卷进去，至少会受到彻底的屈辱。约瑟夫，你可要当心。你这种满不在乎的态度会让我发疯。看你这个样子，简直让人想起那句俗话：‘卷入这样一场官司就表示已经输了。’”

“亲爱的叔叔，”K说，“激动没有用，对你来说没有用，对我来说也没有用。靠着激动是打不赢官司的，请你也稍微承认一下我的实务经验，一如我一向很尊重你的实务经验一样，哪怕你的经验有时令我有些惊讶。既然你说全家人都会被这桩官司拖累——这一点我完全无法理解，但这不重要——我很乐意凡事都听你的。只不过，我不认为到乡下去有什么好处，因为那将意味着畏罪潜逃。再说，我在这里虽然被盯得厉害，却也更能够自行加速案子的进展。”

“没错，”叔叔说，从他的语气听来，仿佛他们这会儿总算意见相仿了，“我之所以那样提议，是因为我觉得你若留在这里，你这种漠不关心的态度会损及你的案子，觉得如果由我来替你处理会比较好。可是如果你愿意用全力来加速事情的进展，那当然更好。”

“所以说，在这一点上我们意见一致，”K说，“对于我接下来该怎么做，你有什么建议吗？”“我当然还得要想一想，”叔叔说，“你得考虑到如今我已经在乡下住了快二十年，察觉这些事的能力都退化了。那些也许更懂得这些事的人，我跟他们之间的重要联系自然也没那么紧密了。我在乡下跟别人少有来往，这你是知道的。其实，要到了遇上这种事情，我才察觉到这一点。部分原因也在于你的官司出乎我的意料。不过，说也奇怪，收到艾尔娜的信之后，我就已经有了预感，而今天一见到你，我就几乎确定了。不过这都无所谓了，现在最重要的是不要耽误时间。”他一边说，一边已经踮起脚尖，招来一辆汽车，把K拖上车，同时大声地向司机说了一个地址。“现在我们搭车去找胡德律师，”他说，“他是我同学。想必你也听过他的名字吧？没听过？这倒奇怪了。身为辩护人和穷人律师他很有名望，而我对他的为人十分信赖。”

“你要做什么，我都没意见。”K说，尽管叔叔处理这件事的那种急迫让他感到不自在。身为被告，搭车去找一名穷人律师不是什么愉快的事。他说：“我还不知道这种官司也可以找律师。”“当然可以，”叔叔说，“这是理所当然的事。有何不可？现在把到目前为止发生的事全部告诉我，好让我更详细地了解这桩官司。”K立刻开始叙述，毫无隐瞒，既然叔叔认为这桩官司乃是一大耻辱，全盘托出是他唯一能做的抗议。布斯特娜小姐的名字他只提起了一次，而且是匆匆带过，但这无损于他的坦诚，因为布斯特娜小姐跟这场官司一点关系也没有。他一边叙述，一边望出车窗外，看到他们正要接近法院办事处所在的那个郊区，他指给叔叔看，然而叔叔似乎觉得这一巧合并不值得注意。

车子停在一栋阴暗的屋子前，叔叔立刻在一楼的第一扇门边按了铃。在等待时，叔叔露出大大的牙齿微笑，轻声说道：“八点钟通常不是当事人登门造访的时间，但是胡德不会怪我的。”门上的小窗露出一双大大的黑眼睛，盯着这两位客人看了一会儿，随即消失，然而门却并未打开。叔叔和K向彼此确认的确看见了那一双黑眼睛。“一个新来的女佣，她害怕陌生人。”叔叔说，又敲了敲门。那双眼睛又出现了，此刻几乎显得有些悲伤，不过，这也可能只是裸露的煤气火焰所造成的假象，那火焰在接近头顶处燃烧，发出强烈的嘶嘶声，但光线却很微弱。“请开门，”叔叔喊道，用拳头敲门，“我们是律师先生的朋友。”“律师先生病了。”有人在他们背后轻声地说。在这窄小走道的另一端有一扇门，一位身穿睡袍的先生站在门里，很小声地通报了这个消息。由于久候已然发怒的叔叔猛然转过身，喊道：“生病？你说他生病了？”来势汹汹地朝他走过去，仿佛那位先生就是疾病。“已经有人开门了。”那位先生说，把睡袍收拢，消失了。

那门的确开了，一个年轻女孩——K认出了那双有点凸出的黑眼睛——穿着长长的白围裙站在玄关里，手里拿着一支蜡烛。“下次请你早一点开门。”叔叔用这句话代替了问候，那女孩微微行了个屈膝礼。“来吧，约瑟夫。”他随后对K说，K缓缓地从那女孩身边挤过去。“律师先生病了。”那女孩说，因为叔叔没有停留就急忙朝一扇门走去。K还惊讶地注视着那个女孩，而她已经转过身去，把公寓的门再度拴上。她有张洋娃娃般的圆脸，不仅那苍白的脸颊和下巴圆圆的，鬓角和额头边缘也圆圆的。“约瑟夫，”叔叔又喊了，问那女孩，“是心脏的毛病吗？”“我想是的。”女孩说，她拿着蜡烛走在前头，打开了房间的门。

在房间一角，烛光还照不到的地方，一张蓄着长长胡须的脸从床上抬起来。“蕾妮，是谁来了？”那律师问，被烛光照得眼花，尚未认出来客。“是亚伯特，你的老朋友。”叔叔说。“噢，亚伯特。”那律师说，倒回枕头上，仿佛在这个访客面前无须装模作样。“情况真的这么糟吗?”叔叔问，在床沿坐下。“我不相信。是你的心脏病又发作了，就跟前几次一样会再好起来的。”“有可能，”那律师小声地说，“可是这回要比任何一次都更严重。我呼吸困难，根本睡不着，体力一天比一天差。”“这样啊，”叔叔说，用他的大手把那顶巴拿马草帽紧紧压在膝盖上，“这是坏消息。对了，有人好好照顾你吗?这里也这么凄凉，这么暗。从我最后一次到这儿来已经过了很久了，当时这里看起来比较令人愉快。你这位小姑娘看起来也不怎么开朗，要不然就是她装的。”那女孩始终还拿着蜡烛站在门边，从她不明确的目光看来，她并非看着他叔叔，而是看着 K，尽管他叔叔此刻正说到她。K 把一张椅子推到那女孩身边，倚着椅子站立。“谁要是病得像我这么重，”律师说，“就得要静养。我不觉得这里凄凉。”他停顿了一会儿，然后又加了一句：“而且蕾妮把我照顾得很好，她很乖。”但是这话并未让叔叔信服，看得出来他对那个看护怀有成见，就算此刻他没有反驳那个病人，却用严厉的目光盯着她，看她此刻往床边走去，把蜡烛放在床头柜上，朝着病人弯下身子，一边整理枕头，一边对他轻声低语。叔叔几乎忘了要顾及病人，站起来，在那看护的背后走来走去，假如他从后面抓住她的裙子，把她从床边拖开，K 也不会惊讶。

K冷静地看着这一切，那律师生病了，他其实并非不乐见，他反抗不了叔叔对他的官司所展现的热心，而如今他乐于接受这份热心在他并未插手的情况下转移了方向。此时，也许只是为了惹恼那个看护，叔叔说："小姐，请你让我们单独谈一会儿，我跟我朋友有件私事要谈。"那看护还俯身在病人身上，正把墙边的床单抚平，她只把头转过来，十分平静地说："您看见了，先生病得这么厉害，他没办法谈什么事。"她的平静跟叔叔形成强烈的对比，他先是由于发怒而结结巴巴，然后又把话说得过于流利。她之所以重复叔叔的用语，大概只是为了省事，然而就连旁观者也可能将之理解为嘲讽，而叔叔当然表现得像是被螫了一下。"你这个混蛋。"他说，由于激动地吞咽口水，听起来还含混不清。K吓了一跳，尽管他早就料到类似的情况，他朝叔叔跑过去，打算用双手招住叔叔的嘴。幸好那病人在女孩身后坐起来，叔叔脸色阴沉，像是把一句难听的话给咽了下去，然后较为平静地说："我们当然也还没有失去理智；如果我所要求的是不可能的事，那我也就不会要求。现在请你走开。"那看护在床边站直了，整个人面向叔叔，K看见她用一只手在抚摸律师的手。"在蕾妮面前你什么都可以说。"那病人说，用的无疑是恳求的语气。"事情不是关于我，"叔叔说，"不是我的秘密。"他转身，仿佛不想再做任何交涉，但还给对方一点时间考虑。“那是跟谁有关？”律师用微弱的声音问，又躺了回去。“我的侄儿，”叔叔说，“我把他也带来了。”于是向他介绍：“银行经理约瑟夫·K。”“噢，”那个病人说，这会儿有精神多了，向K伸出手，“抱歉，我根本没注意到你。”“走吧，蕾妮，”接着他对那看护说，然后握着她的手，仿佛在和她告别，蕾妮听话地走了。

“所以，”他终于对叔叔说，叔叔也表示和解地走近了一点，“你不是来探病的，而是为了正事来的。”之前，以为对方是来探病的这个念头仿佛让那个律师全身无力，现在他看起来精神多了。他用肢膊支撑着坐起来——想必这么做需要费很大的力——然后把手伸进胡须中，揪着中间的一绺。“你看起来已经好多了，”叔叔说，“自从那个巫婆出了房间以后。”他停顿下来，低声说：“我敢打赌她在偷听。”他冲向门边，但门后什么人也没有。叔叔走回来，不是失望，而是不满，因为在他看来，她没有偷听是一种更大的恶意。“你错看她了。”律师说，并未进一步维护那个看护，也许是想借此表达她并不需要维护。不过，他用更加关切的语气继续说：“至于你侄儿的事，如果我的力气足以胜任这件极为困难的任务，那我会很高兴。我很担心自己的力气将不足以胜任，不过，我会尽一切努力，要是我一个人还不够，那也还可以再另请别人。老实说，我对这件官司太感兴趣了，实在舍不得放弃参与。万一我的心脏负荷不了，至少它为了这件事而完全衰竭也是值得的。”

这番话K一句也听不懂，他看着叔叔，想从叔叔那儿得到解释。然而叔叔坐在那里，手里拿着蜡烛，把手搁在床头几上，一个药瓶从床头柜滚到了地毯上，他对律师所说的每一句话点头，对一切都表示同意，偶尔望向K，期望他同样表现出赞同。难道叔叔先前已经和这位律师谈过K的官司吗？但这是不可能的，到目前为止所发生的一切都证明事情并非如此。因此他说：“我不懂——”“噢，难道是我误会了你的意思吗？”那律师问，跟K一样诧异而且尴尬，“也许是我操之过急了。那么你是想跟我谈什么事呢？我以为是跟你的官司有关？”“当然是，”叔叔说，接着问K，“你是怎么搞的？”“噢，可是你怎么会知道我的事，还有我的官司？”K问。“原来是这样，”那律师微笑地说，“我毕竟是个律师，跟法院圈子的人有来往，大家会谈起各式各样的官司，还有引人注目的官司，尤其是如果牵涉到一个朋友的侄儿，你自然就会记住。这没有什么好奇怪的。”“你是怎么搞的？”叔叔又问了一次，“你的样子这么不安。”“你跟这个法院圈子的人有来往？”K问。“是的。”律师说。“你问起话来像个小孩子。”叔叔说。“如果不跟我这一行的人打交道，那我该跟什么人打交道呢？”律师又加了一句。这话听起来是如此难以反驳，乃至于K根本没有回答。他本来想说：“可是你是在司法大楼的法院工作，而不是在阁楼上的法院。”但实在说不出口。“你要知道，”律师继续说，语气像是在草草解释某件理所当然的事，“你要知道，从这种来往中我也能为我的委托人取得很大的好处，而且是在许多方面，这事我其实不该一直提起。当然，由于生病的关系，现在我稍微有点受限，但尽管如此，法院的好朋友还是会来探望我，所以我还是会得知一些事。我知道的也许比有些身体健康、整天待在法院里的人还多。例如，我现在就有一位亲切的访客。”他指着房间里一个黑暗的角落。

“在哪里？”K问，一时惊讶，问得几乎有点粗鲁。他不安地四下张望，那支小蜡烛的光线远远照不到对面的墙壁，而在角落里果然有样东西在动。此刻叔叔把蜡烛举高，在烛光里看得见有位年长的先生坐在那儿的一张小桌旁。他大概根本没有呼吸，所以这么久都没人注意到他。此刻他费劲地站起来，对于有人注意到他显然不太高兴。他挥动着双手，像小鸟的翅膀一样，仿佛想表明他反对所有的介绍和问候，仿佛他无论如何都不想因他的在场而打扰到其他人，仿佛他急切地盼望重新回到黑暗中，希望别人忘了他的存在。但是现在别人无法再允许他这么做了。

“其实是你们出乎我们意料地突然出现了，”律师解释道，一边鼓励地向那位先生示意，要他走近，那位先生也慢慢走近，犹豫地环顾四周，但还是带着某种威严，“这位办事处主任——对了，抱歉，我还没有介绍——这位是我的朋友亚伯特·K，这位是他的侄儿，银行经理约瑟夫·K,而这一位先生是办事处主任——他很亲切地来探望我。只有熟悉内情的人才懂得尊重这番探望的价值，要知道办事处主任的工作有多么繁重。尽管如此，他还是来了，我们平静地聊天，在我虚弱的体力所允许的范围内，我们虽然没有禁止蕾妮让访客进来，因为我们没料到会有访客，但我们还是认为我们应该独处，可是接着你就用拳头敲起门来了，亚伯特，于是办事处主任就把桌椅挪到角落去。不过，现在看来，我们很可能有一件共同的事情要讨论，如果两位愿意的话，我们可以再聚在一起。办事处主任先生，”他低下头，指着床边一张椅子，带着恭谨的微笑说。“可惜我只能再待几分钟，”办事处主任和气地说，叉开腿在椅子上坐下，看着时钟，

“我还有公事要办。不过，我不想错过这个机会来认识我朋友的朋友。”他向叔叔微微颔首，叔叔看来很高兴认识这个人，但是由于自己的天性，表达不出谦恭，在办事处主任说话时尴尬地大声笑着。这幅景象真难看！

K能够静静地观察这一切，因为没有人在意他。既然办事处主任被拉到前面来，就自然而然地取得了谈话的掌控权，看来这是他的习惯。那律师把手搁在耳边，仔细聆听，他起初的虚弱模样也许只是为了用来赶走新来的客人。叔叔拿着蜡烛——他把蜡烛搁在大腿上保持平衡，律师好几次担心地望过去——很快就不再感到尴尬，而沉醉于办事处主任说话的方式，以及他说话时那波浪般的轻柔手势中。办事处主任也许是故意忽略了K，K倚着床柱，只充当那几位老先生的听众。而且他几乎不晓得他们在谈些什么，他一会儿想起那个看护，想起叔叔对待她那么恶劣，一会儿思索他是否曾见过这个办事处主任，说不定头一次接受审讯时办事处主任就在听众当中吧。就算他弄错了，把这个办事处主任放进审讯会场第一排那些留着稀疏胡须的老先生当中还是挺合适的。

此时从玄关传来一个声响，像是瓷器打碎了，使得大家都竖起耳朵。“我去看看发生了什么事。”K说，慢慢走出房间，仿佛要给其他人机会把他叫住。他才走进玄关，正想熟悉那片黑暗，就有一只小手按住他还扶在门上的手——那只手比 K 的手小得多——轻轻把门关上。是那个在这儿等待的看护。“没发生什么事，”她轻声地说，“我只是把一个盘子往墙上摔过去，好让你出来。”K 忸怩地说：“我刚才也想到你。”“这样更好，”那看护说，“跟我来。”走了几步之后，他们来到一扇不透明的玻璃门前，看护在 K 面前把门打开。“进来吧。”她说。那肯定是律师的办公室，就着月光，能看出房间里摆放着沉重的旧家具，此时月光只把两扇大窗户下方地板上一小块四方形的部分照得特别亮。

“到这边来。”看护说，指着一张有木雕靠背的长凳。K 一边坐下，一边环顾四周，这是个挑高的大房间，这位穷人律师的委托人在这里想必会感到迷失。K 仿佛看见了那些访客迈着小小的步伐走向那张巨大的书桌。但他随即忘了此事，只盯着那个看护，她坐在他旁边，贴得很近，几乎把他挤到扶手上。“我本来以为，”她说，“你会自己出来找我，不必等到我叫你。这实在很奇怪。你先是在进门时就不停地盯着我，然后却又让我等待。”“对了，请叫我蕾妮。”她很快地又补了一句，仿佛这番谈话一刻也不能耽搁。“我很乐意。”K 说，“至于你觉得奇怪的那件事，蕾妮，其实很容易解释。首先，我必须听那两位老先生说的废话，不能没有理由就跑开；其次，我并不大胆，反而有点害羞，而你看起来也实在不像是能够马上就赢得的女孩。”“并不是这样，”蕾妮说，把手臂搁在扶手上，看着K，“是我不讨你喜欢，说不定就连现在也还是不讨你喜欢。”“喜欢不算什么。”K避重就轻地说。“噢！”她微笑地说，由于K的话和这一声轻喊，她略微占了上风，因此K沉默了一会儿。

由于他已经习惯了房间里的黑暗，他能看出室内布置的各种细节，挂在门右边的一大幅画尤其引起他的注意，他倾身向前，好把那幅画看清楚一点。画上是个身穿法官长袍的男子，坐在一张高高的高背椅上，椅子上的镀金在画上很显眼。不寻常之处在于这位法官并非平静而庄严地坐在那里，而是左手臂紧贴着椅背和扶手，右手臂却完全自由，只用手掌抓住扶手，仿佛他接下来要猛然转身，也许是愤怒地转身，跳起来说出某些重要的话，甚至是宣布判决。被告想来是在那道阶梯的底端，画上还看得见最上面几个台阶，铺着黄色的地毯。“那也许是我的法官。”K说，指着那幅画。“我认得他，”蕾妮说，也抬眼去看那幅画，“他常到这儿来。这幅画画的是他年轻的时候，不过就算是那时候他也不可能跟这幅画有相似之处，因为他矮得不得了。尽管如此，他却让自己在画上被拉得这么长，因为他虚荣得要命，跟这里所有的人一样。不过我也是虚荣的，你肯定不会喜欢我的。”听了她最后说的这几句话，K没有回答只是把她拉到自己胸前，搂住了她，她静静地把头靠在他肩膀上。

针对她另外所说的话，他则说：“他是什么阶层的？”“他是初审法官。”她说，抓起K搂着她的手，玩弄着他的手指头。“又只是个初审法官，”K失望地说，“那些高阶官员全都躲起来了。可是他明明坐在一张像王座的高背椅上。”“这全都是编出来的，”蕾妮说，把脸贴在K的手上，“其实他是坐在一把厨房椅子上，上面放了一条折起来的旧马毯。可是你非得一直想着你的官司吗？”她缓缓地加了这一句。“不，我根本没想着我的官司，”K说，“相反，我可能惦记我的官司惦记得太少了。”“这不是你的错，”蕾妮说，“我所听到的是你太过倔强了。”“是谁说的？”K问，他感觉到她的身体靠在他胸膛上，他往下看着她那梳得整整齐齐的浓密黑发。“我要是说出来，那我就泄露得太多了。”蕾妮回答：“请你不要问起姓名，但是要改正你的错误，不要再这么不肯退让，面对这样的法院你是无法自卫的，必须要招认。下一次有机会，你就招认了吧。要在那之后你才有机会脱身，要在那之后，而且也得有人帮忙才有可能。不过，这个你不必担心，我自己会帮你。”“你很了解这个法庭，也很了解在这件事上必须要做的欺骗。”K说，由于她贴着他贴得太紧，他把她抱起来坐在他怀中。“这样很好，”她说，在他的怀里坐好，把裙子抚平，把衬衫拉整齐。然后她用双手搂住他的脖子，向后仰，注视他良久。

“如果我不招认，你就没办法帮我？”K试探地问。我在募集女救星，他想，几乎感到惊奇，先是布斯特娜小姐，然后是那个法院工友的太太，最后则是这个娇小的看护，她对我似乎有种难以理解的需要，看她坐在我怀里的样子，仿佛这是她唯一该坐的位置！“不，”蕾妮回答，缓缓摇着头，“那样我就没办法帮你。可是你根本不想要我帮忙，你根本不在乎，你很固执，不让别人说服你。”“你有情人吗？”过了一会儿她问。“没有。”K回答。“噢，才怪。”她说。“对，的确是有，”K说，“你瞧，我否认了她，却把她的照片带在身上。”由于她的央求，他把艾尔莎的照片拿给她看，她蜷缩在他怀里，仔细研究那张照片。

那是张快照，是艾尔莎在跳了一支旋转舞之后拍的，她很喜欢在那家酒馆跳这种舞，她的裙褶还在转动中飞扬，她把双手搁在臀部，伸直了脖子，笑着望向一侧；

至于她在对谁笑，从照片上看不出来。“她把腰束得很紧，”蕾妮说，指着她认为可以看得出来的那个部位。“我不喜欢她，她又笨拙，又粗野。不过，也许她在你面前既温柔又亲切，从这张照片上可以看得出来。这么高大强壮的女孩子往往只懂得要温柔亲切。可是她会为了你而牺牲自己吗？”“不，”K说，“她既不温柔亲切，也不会为了我而牺牲自己。而且到目前为止，我也不曾要求她温柔亲切或是为了我牺牲自己。我甚至不曾像你这么仔细地看过这张照片。”“所以你根本没有那么在乎她，”蕾妮说，“所以她根本不是你的情人。”“她是的，”K说，“我不会收回我的话。”“就算她是你的情人好了，”蕾妮说，“可是你并不会多么想念她，假如你失去了她，或是拿其他人跟她交换，例如拿我跟她交换。”“当然是有这个可能，”K微笑着说，“但是相对于你，她有一个很大的优点，她对我的官司一无所知，而就算她知道了，她也不会去想这件事。她不会想要说服我让步。”“这不是优点，”蕾妮说，“如果她没有其他的优点，那我就不会失去勇气。她有什么身体上的缺陷吗？”“身体上的缺陷？”K问。“对，”蕾妮说，“因为我就有这样一个小缺陷，你看。”她把右手的中指和无名指撑开，连接两根手指头的肉膜几乎一直延伸到无名指最上端的指节。在黑暗中，K没有马上看出她想让他看什么，因此她领着他的手去摸。“好奇妙的自然现象，”K说，当他看到她的整只手，又加了一句，“不过也是只漂亮的手！”蕾妮带着自豪，看着K惊讶地一再把她的两根手指头分开又合上，直到他终于匆匆地吻了她的手一下，放开了她的手。

“噢！”她立刻喊道，“你吻了我！”她急忙张开嘴，顺着膝盖爬进他怀里。K抬起头来看着她，几乎感到惊恐，此刻由于她跟他如此靠近，一股像是胡椒的刺鼻气味从她身上散发出来，她搂住他的头，俯身到他脑后，在他的脖子上又吻又咬，就连他的头发都咬。“你用我代替她了，”她不时喊道，“你看，这会儿你还是用我代替她了！”此时她的膝盖滑了下去，她轻轻叫了一声，差点摔到地毯上，K抱住了她，免得她滑下去，却被她往下拉。“现在你属于我了。”她说。

“这里是房门钥匙，你想来随时可以来。”是她最后说的几句话，他走开时，一个漫无目标的吻还落在他背上。当他走出那栋屋子的大门，一阵细雨落下，他想走到街道中央，也许还能看见蕾妮站在窗前，此时他叔叔从一辆在屋前等待的汽车里冲出来，心神涣散的K原先根本没有注意到那部车，叔叔抓住他的手臂，把他推向那栋屋子的大门，仿佛想把他钉牢在门上。“孩子，”他喊道，“你怎么能做出这种事！你严重地损害了你的官司，而你的官司情况原本很好。跟一个肮脏的小妞一起躲起来，几个小时不见人影，何况她显然是那律师的情人。你甚至连个借口都没找，一点也不隐瞒，不，你公然跑去找她，留在她身边。同一时间我们坐在一起，为你费心的叔叔，你应该争取他来协助你的律师，尤其是那个办事处主任，这位大人物，在现阶段你的官司简直就是掌控在他手中。我们想要商量该如何帮助你，我得小心翼翼地对待那个律师，他又得小心翼翼地对待那个办事处主任，而你原本可以助我一臂之力，结果你却溜到别的地方去了。你离开这么久，这谁都瞒不住。他们是有礼貌、懂世故的人，没有提起这件事，免得我难堪。可是到最后，连他们也无法忽视这个事实了，只是由于他们不便提起此事，才默不作声。我们沉默地坐在那里好几分钟，竖起耳朵来听你是否会回来，却都是徒劳。那个办事处主任终于站起来，他待的时间已经比他原先打算待的时间长了很多，他道了别，显然很同情我，却又帮不了我，还在门里等了一会儿，亲切得不可思议，然后就走了。我当然很高兴他走了，我已经没办法呼吸了。这一切对那个生病的律师造成的影响更大，那个好人在我向他道别时根本说不出话来。说不定你会促使他完全崩溃，会加速这个人的死亡，而你偏偏依赖于这个人的帮忙。而你让我，你叔叔，在雨中等了几个钟头，你摸摸看，我整个人都湿透了！”

律师
厂主
画家

一个冬日上午——外面的雪花在黯淡的光线中落下——K坐在他办公室里，尽管还是早上，他已经感到极为疲倦。为了至少免受底下职员的打扰，他交代工友不让他们当中的任何人进来，说他正在忙着一件很重要的工作。但是他并没有在工作，而是坐在椅子上转来转去，慢慢挪动桌上的几件物品，然后不自觉地把整条手臂伸直在桌面上，低着头，一动也不动地坐着。

他无法不再去想那桩官司。他已经考虑了好几次，是否该拟定一份答辩书呈递法院。他打算在答辩书里叙述一段简短的生平，针对每一个稍微算得上重要的事件，说明他是基于哪些理由而如此行事，说明此一行事方式按照他目前的判断是该予以摒弃还是赞同，以及理由为何。比起纯粹由律师来做辩护，这样一份答辩书无疑有许多优点，何况那个律师也并非无可指摘。其实K根本不知道那律师做了什么；无论如何他做得不多，已经长达一个月没有再把K叫去，而在前几次的商谈中，K也不觉得他能替自己做多少事。尤其是他几乎根本没有询问K，而可问的事明明那么多。提问是最重要的，K觉得自己仿佛就能提出所有必要的问题，然而律师却从没提问过，要么瞎聊，要么默默地坐在K对面。也许是因为听力不好，律师在书桌上微微向前俯着身子。他捋着一绺胡须，目光向下看着地毯，也许看的正是之前K跟蕾妮所躺的地方。偶尔他会给K一些空洞的告诫，就像告诫小孩子一样。这些话既无用又无聊，在结算账单时K一毛钱也不打算付。等到那律师认为把K教训得够了，通常又会再鼓励他一下，说他曾经打赢过许多类似的官司,完全打赢，或是部分打赢，那些官司实际上也许不像这一桩这么困难，但表面上却更加没有希望。他抽屉里有这些官司的清单——他敲敲那张桌子的某个抽屉——可惜他不能出示那些文件，因为那涉及职务上的机密。尽管如此，他在这些官司中所获得的丰富经验对K肯定会有好处。

他当然已经着手处理K的案子了，第一份答辩书也基本上要完成了。这份答辩书很重要，因为辩护人给人的第一印象往往会决定整个司法程序的方向。不过，他得要提醒K，很遗憾地，偶尔也会发生第一份答辩书根本没被庭上阅读这种事。对方只把答辩书放进档案中，表示目前对被告的传讯和观察要比所有的书面资料更重要。如果递交答辩书的人催起来，对方就会再补充说明，说等到所有的资料都搜集齐备，他们在综览全案时自然会检视所有的档案，包括这第一份答辩书。只可惜这话在大多数情况下也不正确，第一份答辩书通常会被搁在一边，到后来不是找不到了，就是完全搞丢了，而就算它到最后都还被保留着，也几乎不会有人去读，不过，关于这一点那律师也只是听来的。

这一切都令人遗憾，但并非完全不合理，K可别忘了，这个司法程序并未公开，如果法院觉得有必要，这个程序也可以变成公开的，但法律却并未规定要公开。由于这个缘故，被告和他的辩护人看不到法院的书状，尤其是起诉书，因此，一般说来，大家并不知道第一份答辩书究竟要反驳哪些指控，至少是并不确切地知道，所以这份答辩书其实也只可能碰巧含有某些对这桩官司而言重要的内容。只有在传讯期间了解到或猜到指控的理由及其依据，才能拟定真正切中要害并提供证据的答辩书。在这种情况下，辩护人的处境当然十分不利。但他们却坚持这么做。因为法律其实并未允许辩护，只是对此予以容忍，而就连相关条文是否至少可解读为具有容忍之意，也还是有争议的。因此，严格说来，根本没有由法院所认可的辩护律师，所有在法庭上出席的辩护律师其实都只是不合格的律师。

这当然贬低了这整个行业，下一次 K 如果到法院办事处去，不妨去看看辩护律师的房间，好亲眼见识一下。聚集在那儿的人想来会让他大吃一惊。光是分配给他们的那个低矮狭窄的小房间就显示出法院对这些人的蔑视。光线只能从一个小天窗进入那个小房间，而天窗的位置很高，如果有人想望出窗外，得先找个同伴来把他扛在背上，但从前方壁炉冒出来的烟会跑进他鼻子里，把他的脸熏黑。在这个小房间的地板上——只是再替这种情况举个例子——一年多以来就有一个洞，没有大到会让人掉下去，但却足以让人的一条腿整个陷下去。辩护律师的房间位于阁楼的第二层，所以如果有人陷下去了，他的腿就会垂到阁楼的第一层，而且就在走道的正上方，那是当事人等待的地方。如果在律师圈子里大家称这种情况为可耻，也并不过分。向管理部门抱怨毫无效果，而那些律师想自己出钱来在那个房间里做些改善也被禁止了。

不过，律师之所以受到这样的待遇也不是没有原因的。法院想尽可能把辩护人排除在外，一切让被告自己来。这个立场其实也有道理，但是如果由此而得出结论，认为在这个法庭上，辩护律师对被告来说可有可无，那就大错特错了。正好相反，在任何其他法庭上，辩护律师的必要性都不如在这个法庭上这样大。因为一般说来，这个司法程序不仅对公众保密，而且也对被告保密。当然，只能在一定的范围内保密，但事实上保密的范围还是很广。因为被告也看不到法庭的书状，而要从审讯来推断出作为审讯之依据的书状十分困难，尤其是对被告来说，毕竟他心里有成见，而且有各种可能的忧虑会令他分心。这就是辩护人派上用场的地方。一般说来，辩护人在审讯时不能在场，因此他们得在审讯之后向被告打听审讯的情形，而且最好是在审讯室的门口就问，从这些往往已经十分模糊的叙述中摘取出对辩护来说有用的部分。但这还不是最重要的，因为以这种方式所能得知的非常有限，虽然一个能干的人能够得知的当然比其他人更多，这在哪里都一样。尽管如此，最重要的还是辩护律师的人脉，辩护人的主要价值就在于此。

嗯，K 大概已经从自己的经验中得知，法院最底层的组织有欠完善，人员疏忽职守、收受贿赂，在某种程度上使得严密的司法系统出现了漏洞。而大多数的辩护律师就从这里钻进去，进行贿赂和探听，甚至之前还发生过窃取档案的事。不可否认的是，短期来说，以这种方式可以获得一些对被告有利的结果，甚至是出人意料的结果，这些小律师也因此会趾高气昂，借此招揽新的客户，但是这些方法对于官司的后续发展来说，要么毫无意义，要么只能起些坏作用。只有诚实的人际关系才真正具有价值，而且是跟高阶官员的关系，而这指的当然是高阶官员中等级较低者。唯有如此才能影响官司的进展，就算这影响起初不太察觉得到，但之后就会越来越明显。

当然，只有少数律师能办得到。就这一点而言，K所做的选择对自己十分有利。在胡德博士之外，大概只有一两位律师能证明自己拥有类似的人脉。这些律师不在乎法院律师室里那群人，也跟他们毫无关系，但他们跟法院官员之间的关系却更加密切。胡德博士甚至无须到法庭去，无须在初审法官的接待室里等候他们接见，也无须为了一点表面上的成功或者更糟的结果而在他们面前低声下气。不，如同K亲眼所见，那些官员自己会来找胡德博士，其中有些等级相当高，他们乐意做出坦白的答复，或者至少是容易解读的答复，谈论审判接下来的进展，在某些案件上他们甚至乐于接受别人的看法，让自己被说服。不过，在最后这一点上，可不能过于信赖他们；就算他们坚定地说出对辩护有利的新看法，却可能会直接回到办事处，准备在次日颁布一条法院决议，内容正好相反，这比起他们声称已经完全抛开的原先意图，对被告来说也许更为严苛。这种事当然没法阻止，就算辩护人已经努力取得了那些先生的支持也没用，因为他们在私底下所说的话就只是说说而已，不容许据以得出公开的结论。

不过，另一方面，那些先生之所以跟辩护人建立关系——当然他们只会跟内行的辩护人建立关系——并非出于博爱，或是出于好感，而是因为他们在某些方面也要仰赖辩护人，这一点也没有错。在此，这个从一开始就规定要采用秘密法庭的法院组织，其缺点就显现出来了。那些官员跟民众缺少接触，对于那些中等的普通官司，他们驾轻就熟，这样一桩官司几乎会自行运作，只需要偶尔推动一下就可以了。可是面对那些十分简单或是特别困难的官司，他们往往就不知所措，因为他们日日夜夜被禁锢在法律里，对于人与人之间的关系缺乏正确的理解，碰上这类案子，这种缺乏就让他们伤脑筋了。这时候他们就会来向辩护律师请教，来的时候他们还带着一个捧着那些机密文件的工友。不少旁人料想不到会来这儿的先生们坐在律师家的窗边，近乎绝望地望向街道，而律师则在桌前研究那些文件，以便能给他们提供好的意见。

顺带一提，在这种情况下，尤其能看出这些先生是多么看重他们的职业，那些他们由于自身天性而无法克服的障碍令他们陷入深深的绝望。他们的处境并不容易，要是把他们的处境看得很容易，就有些冤枉他们了。法院的职等和级别无穷无尽，即使是熟悉内情的人也无法看清。而在法院中的司法程序，一般而言也对低阶公务员保密，因此，对于他们所经手的事务，他们几乎永远无法完整地追踪其后续发展，也就是说，法律案件出现在他们面前，但他们往往不知道这案件从何而来，而官司继续进行，他们却也无法得知这案件将往何处去。所以，这些公务员无法借由研究司法程序的各个阶段、最终的判决及其理由来学习。在一场官司中，他们只能处理法律划定给他们的那一部分，至于进一步的情况，亦即他们本身工作的成果，他们所知道的往往比辩护人还要少，毕竟一般说来，辩护人几乎直到官司结束都跟被告保持联系。因此，在这一方面，他们也能从辩护人那儿得知一些有价值的消息。

如果把这一切都考虑进来，对于这些公务员容易动怒，K 就不会大惊小怪了。面对当事人，他们有时候——每个人都有这种经验——会表现出侮辱人的态度。所有的公务员都容易动怒，就算他们看似冷静时也一样。

当然，这一点让那些小律师尤其难受。例如，有人说过下面这样一个故事，这故事听起来不像是编造的。一个老公务员，一位安静善良的先生，花了一天一夜持续研究一桩棘手的法律案件，这件案子因为辩护律师提交答辩书后变得错综复杂起来——这些公务员的确认真得出乎任何人的意料。到了早上，经过二十四个小时几乎毫无成效的工作，他走到门口，埋伏在那里，把每一个想要进来的律师都推下楼去。那些律师聚集在下面的楼梯平台上，商量他们该怎么做。一方面他们本来就无权要求对方让他们进去，因此在法律上，他们几乎无法针对那位公务员采取什么行动，况且，如同先前已经提到的，他们也得避免激怒全体公务员。可是另一方面，不能待在法院的每一个日子对他们来说都是浪费，所以他们真的很在乎是否能进去。最后他们一致同意对那位老先生进行疲劳轰炸。他们一再派出一个律师，让他跑上楼梯，在尽量抵抗之后再被推下来，不过那只是被动的抵抗，然后他的同行会把他接住。此举大概持续了一个钟头，那位老先生果然累了，走回他的办公室，毕竟他由于熬夜工作已经筋疲力尽了。

下头那些律师起初还不敢相信，先派了一个人上来，要他查看一下门后，看看那里是否果真无人。然后他们才进去，大概连吭都不敢吭一声。因为那些律师——就连最小的律师也多少能看出这种情况——完全不想在法院引进或实施任何改革，反倒是几乎每一个被告——这一点十分典型——哪怕是头脑简单的人，也会在第一次打起官司时就开始思考关于改革的建议，因而往往把原本可以更善加利用的时间和精力浪费在这上头。事实上，唯一正确的做法是勉强接受现况。个别的部分在最好的情况下即使有可能改善——不过这是种荒谬的迷信——也只是对未来的案件有利，对于自己却会造成难以估计的损害，因为这冒犯了公务人员，而他们的报复心一向很重。千万不要冒犯他们！不管事情再怎么违反理智，举止都要冷静！要知道，在某种程度上，这个庞大的法院组织保持着一种微妙的平衡，如果一个人在他的位置上独自做了一些改变，他很可能会失去自己的立足之地或者会摔跟头，而那个庞大的组织在受到这小小的干扰后也很容易就能在另一处加以弥补——毕竟一切都是相连的——而维持不变，甚至可能变得更封闭、更警觉、更严格、更凶恶。所以还是把工作交给辩护律师，同时不要去干扰他们。指责没有用处，尤其是如果无法让对方领会指责之原因的完整意义时更是这样。

无论如何，K 面对办事处主任时的举止对他的官司都造成了很大的损害。在那些可以拜托他们为 K 出点力的人当中，这个有力人士几乎已经可以从名单中被删除了。就连稍微提及 K 的官司，他都故意听而不闻。在某些事情上，公务员就像小孩子，常常会因为无关痛痒的事而被刺伤——可惜 K 的举止不能算是无关痛痒——甚至不再跟好朋友说话，对这些朋友不理不睬，还在所有可能的事情上跟他们作对。然后有一天，出人意料地，没有特别的原因，他们又被一个小玩笑给逗笑了，于是尽释前嫌，而对方之所以敢开这个玩笑，只是因为一切看起来毫无指望。跟他们打交道时该采取什么样的态度，这件事本来就是既困难又容易，几乎没有什么原则可循。面对他们时，有时候你会纳闷一个普通人居然能掌握在职业生涯中取得一些成绩所需的所有知识。不过，也有令人沮丧的时刻——毕竟人人都会有这种时刻——当你自认连最小的目标都没能达成，当你觉得，仿佛只有那些从一开始就注定会打赢的官司才会有好结果，就算没有人帮忙也一样，而其他所有的官司都会打输——不管你再怎么奔走，再怎么辛劳，不管表面上有多少小小的成功，不管这些小小的成功让人有多么高兴，这些官司最终都会输掉。然后你觉得再没有一件事是有把握的，而当有人指责你，说是正是由于你的协助，原本进行顺利的官司才被带上了歧途，对此你甚至无法驳斥。你失去自信，只能处于这种状况之中。

辩护律师尤其会碰到这种情绪的发作——这当然就只是情绪发作而已——如果一场打了很久而且进行顺利的官司突然从他们手中被抽走。在辩护律师会碰到的事情中，最糟糕的大概莫过于此。这官司之所以从他们手里被抽走，倒不是由于被告，这种情况大概从未发生过，因为被告一旦请了某一位辩护律师，就得一直用他，不管发生了什么事都一样。被告一旦用到了律师的帮助，哪里还可能只靠自己撑下去。所以说，这种情况不会发生，可是偶尔会发生的情况是这场官司转移了方向，不允许辩护律师再过问。官司、被告还有其他一切就这样从那个辩护律师手中被抽走。到了这个时候，跟那些公务员的关系再好也无济于事，因为他们也一无所知。那场官司就只是进入了一个阶段，在这个阶段不允许再提供任何协助，官司改由无法接近的法庭来处理，而辩护律师甚至无法再接触到被告。于是，有一天你回到家里，发现那许多答辩书都堆在你桌上，那些你辛辛苦苦撰写的答辩书，写时对这桩官司怀着最美好的希望，它们被退了回来，因为在这个新的阶段不准递交答辩书，它们成了无用的废纸。尽管如此，那官司并不见得已经输了，完全不见得，至少没有有力的证据可以证明这点，你只是不会再知道有关这桩官司的事了，而且以后也不会再知道。不过，幸好这种情况只是例外，而就算 K 的官司属于这一类，至少暂时离此一阶段还很远。所以，辩护律师还有足够的机会使得上力，而且 K 可以放心，这些机会将被善加利用。

先前已经提过，答辩书尚未递交，不过此事也并不急，跟具有权威的公务员进行初步的商谈更为重要，而这些商谈也已经举行过了。只不过成果不一，这一点得要坦白地承认。最好暂时不要泄漏细节，知道这些细节只会对 K 有不利的影响，可能会让他过于充满希望，或是过于忧心忡忡。能透露的是，有几个公务员流露出很大的善意，也显得很热心，另一些则没有表现出那么多善意，但也绝对没有拒绝协助。也就是说，整体说来，这结果十分可喜，只不过无法从中得出特定的结论，由于所有的事前协商一开始时都很相似，其价值完全要视后续的发展而定。总之，什么都还没有输掉，倘若还能成功地赢得办事处主任的支持，尽管有之前发生的一切——为了这个目的，他们已经做了各种努力——那么，这整件事就如同外科医生所说的，是个干净的伤口，可以安心等待后续的发展。

这样的话和类似的话，这个律师永远说不完。每次去拜访，这些话就再被重述一次。每次都有进展，至于是什么样的进展却没有一次能被告知。第一份答辩书始终在撰写中，但是尚未完成，而在下一次拜访时这被证明为一大优点，因为之前那段时间对于递交答辩书来说十分不利，这是先前所无法预见的。如果K听这些话听得累了，偶尔表示：就算把所有的困难都考量进去，事情还是进展得非常缓慢。那么律师就会反驳，说事情进展得一点也不缓慢，不过，假如K先前及时向律师求助的话，事情就会有更大的进展。只可惜他疏忽了，而这个疏忽所带来的坏处不仅是一时的，将来还会带来更进一步的坏处。

蕾妮有时会在这些拜访中打岔，这是唯一令人愉快的事。她总是懂得趁着K在场时替律师送茶来，然后她站在K后面，偷偷地让K握住她的手，同时像是在看着律师贪婪地深深朝着茶杯低下头，把茶倒进杯子里喝掉。房间里一片静默。律师喝着茶，K捏着蕾妮的手，而蕾妮偶尔会大胆地轻轻抚摸K的头发。“你还在这儿？”那律师在喝完茶之后问。“我是想把茶具端走。”蕾妮说，再跟K握最后一次手，那律师擦擦嘴，又有了新的力气来规劝K。

律师是想安慰他，还是想让他绝望？K不知道，但是他很快就确定他的辩护所托非人。律师所说的的确有可能全都正确，就算他显然想尽可能凸显自己，而且说不定还从不曾打过这么大的官司，按照K的看法，他的官司是桩大官司。然而，律师不断强调跟那些公务员的个人交情还是令人起疑。他充分利用这些交情一定是为了K的利益吗？律师从来不忘提及，那只是些低阶公务员，亦即听命于人的公务员，官司的某些转折对于他们的晋升说不定会很重要。莫非他们是利用这律师，好促成这种肯定不利于被告的转折吗？也许他们不会针对每桩官司都这样做，当然，这不太可能。另外多半还有些官司，在其过程中，他们为了律师的服务而同意给他一些好处，因为他们想必也在乎维持律师的名声。可是，事情若果真如此，那么他们会以何种方式插手K的官司？如同那律师所说，这是一桩十分困难、十分重要的官司，从一开始就引起了法院极大的注意。他们会怎么做，已经无需怀疑了。毕竟，从尽管官司已经进行了好几个月，第一份答辩书始终尚未递交一事即可看出端倪。而按照律师的说词，诉讼都还处于开始阶段。这些话当然很适合麻痹被告，让他持续处于无助状态之中，以便最后用突然作出的裁判至少是公告来突袭他，说调查已经结束，结果对他不利，案子将转呈上级机关。

K非得自己插手不可。在他十分疲倦的状态下，这份信念尤其挥之不去，如同在这个冬日上午，当一切在他脑中无意识地掠过时。他曾经蔑视这桩官司，如今情况业已改观。假如这世上只有他一个人，那么要轻视这桩官司就很容易，不过若是那样，肯定也根本不会有这桩官司出现。可是现在叔叔已经拉他去见了律师，而他也得考虑到家人。他的职位已不再完全不受这桩官司进展情况的影响，他自己也太大意了，在熟人面前提起过这桩官司，带着某种难以解释的得意。另外有些人以不可知的方式得知了此事，跟布斯特娜小姐之间的关系似乎也随着这桩官司而摇摆不定——简而言之，他几乎已经无法选择接受或拒绝这桩官司，他已然置身其中，而且必须自卫。他若是现在就感到疲累，那就糟了。

不过，暂时还无须过度担忧。从前他有办法在相对短暂的时间里，在银行中努力爬升到高阶职位，受到大家的肯定，并把这个职位稳固住，如今他只需要把这份能力稍微用在这桩官司上，那么毫无疑问，事情必然会有好的结果。如果想要获得一点成功，一开始就不承认他有过错尤其必要，过错不存在。这桩官司就跟一件大生意没有两样，如同他经常在对银行有利的情况下谈成的生意。一如惯例，在一桩生意里潜伏着各种危险，自然必须加以防范。为了这个目的，当然不能去想自己有什么过错，而要尽量去想自己的好处。从这个观点出发，那么就无可避免地要尽快撤销律师的代理，最好是就在今天晚上。虽然按照律师的说法，这样做耸人听闻，对律师来说或许也是很大的侮辱，但是K无法忍受的是，他为这桩官司所做的努力竟然可能被他自己的律师所做的工作所抵消。一旦摆脱掉那个律师，就必须立刻递交答辩书，并且尽可能每天去催，要对方予以重视。要达到这个目的，K当然不能只像其他人那样坐在走道上，把帽子放在长凳下。他自己，或是请个女子或其他的信差，天天到公务员那儿去，逼着他们不再只是透过栅栏望着走道，而在桌前坐下来，研读K的答辩书。这番努力必不可省，一切都必须加以安排和监督，总该让法院碰上一个懂得维护自身权利的被告。

然而，尽管K敢于去执行这一切，撰写答辩书的困难却是难以克服的。先前，在大约一个星期前，他只怀着羞愧想到自己有一天居然会被迫得要亲自撰写这样一份答辩书，至于此事还可能很困难这一点他当时还压根没想到。他记起有一次，在一个上午，当他正有堆积如山的工作要做时，他突然把所有的东西都推到一边，拿出笔记本，试着草拟这样一份答辩书的大纲，这大纲或许可以供那个慢吞吞的律师使用。而就在这一刻，行长办公室的门开了，副行长笑着走进来。当时的场面对K来说很难堪，尽管副行长当然不是为了K的答辩书而笑，因为他并不知道有这份答辩书，而是为了刚刚听到的一个股市笑话而笑，要听懂这个笑话需要画图，因此副行长俯身在K的桌上，拿走K手里的铅笔，在那个K打算用来写答辩书的笔记本上画了起来。

如今K不再感到羞愧，答辩书非写好不可。如果他在办公室里找不出时间来写——而这是很可能的——那么他就得夜里在家写。假如夜晚也不够用，那么他就得休个假。千万不要半途而废，这不仅在生意上是最愚蠢不过的事，在任何时候、任何事情上都是最愚蠢的。然而，这份答辩书意味着一件几乎永无休止的工作。就算一个人个性并不胆怯，还是很容易相信这份答辩书根本不可能写完。不是由于懒惰或狡猾——这两个原因只可能会阻碍那个律师写完答辩书——而是由于他对于目前的控告一无所知，更别提此一控告可能的扩展，因此必须把他的整个人生都唤回记忆中，加以叙述，并且从各方面加以检视，包括最微小的行为和事件。

再说，这种工作何其悲哀。这工作也许适合一个退休之后变得孩子气的人来做，帮助他打发漫漫长日。可是他却得现在就开始撰写这份答辩书——当K需要把全副心思放在工作上时；当每个小时都飞快地消逝，由于他还在往上爬，对于副行长来说已经构成威胁时；当身为年轻人的他想要享受苦短的夜晚时。他不得不再次抱怨起来。他不由自主地用一根手指头去摸电铃的按钮，那电铃通往前面的接待室。他一边按下电铃，一边抬起头去看时钟。时间是十一点，他花了两个小时来胡思乱想，浪费了一段很宝贵的时间，而且他比先前还要疲倦。然而这时间没有白白浪费，因为他做出了可能极有价值的决定。工友把各式信件送进来，另外还拿来两位先生的名片，他们等K已经等了好一会儿了。那刚好是这家银行十分重要的客户，本来无论如何不该让他们等待。为什么他们偏偏挑这么不凑巧的时间来，而在关着的门后，那两位先生则似乎在问，勤劳的K为什么把最好的工作时间用在私人事务上。先前所发生的事令K疲倦，他也疲倦地等待接下来要发生的事，他站起来，准备接待第一位客户。

那是位矮小快活的先生，一个K熟识的工厂厂主。他为在K有重要工作时来打扰表示歉意，K则为让这位厂主久候而表示歉意。然而他是以一种不加思索的方式致歉，几乎带着虚伪的强调，假如那个厂主不是一心想着公事，就一定会察觉。但他没有察觉，而急忙从所有的口袋里掏出账单和表格，在 K 面前摊开来，说明各种款项，更正了一个小小的计算错误——就连在这样匆匆一瞥之下，他都发现了这个错误——提醒 K 大约一年前和他谈成过一项类似的交易，顺便提起这一次有另一家银行愿意牺牲利润来争取这桩生意，最后终于不再作声，想听听 K 的意见。而在一开始时，K 也的确仔细地聆听那厂主所说的话，关于这桩重要生意的念头也抓住了他的注意，只可惜没有维持很久，很快他就放弃了聆听，有一会儿，在那厂主提高音量的时候他还会点点头，但最后连头也不点了，只盯着那颗光秃秃的脑袋伏在那些文件上，心想这个厂主何时才会明白他这整番话都白说了。当他此刻不再作声，K 起初真的以为他之所以不作声，是想让 K 有机会坦承自己无法倾听。但是那厂主显然准备好听取答复，从他紧张的目光中，K 很遗憾地看出这番商业谈话得继续进行下去。于是他低下头，像是接获了一个命令，开始用铅笔慢慢地在那些文件上移来移去，偶尔停下来，凝视着一个数字。那个厂主猜想 K 会提出异议，也许那些数字的确并不可靠，也许这些数字并非关键所在，总之，那个厂主用手盖住了这些文件，朝 K 凑得很近，开始重新针对这桩生意做一般性的陈述。

“这有点难。”K说，撅起嘴巴，由于那些文件——唯一具体的东西——被遮住了，他无所依恃地倒向椅子的扶手。甚至当行长办公室的门开了，副行长宛如在一层轻纱后面隐约出现，他也只无力地抬起头看过去。K没有多去想这件事，只密切注视着此事的直接作用，那作用对他来说十分令人愉快。因为厂主立刻从椅子上跳起来，急忙朝着副行长走过去，而K却巴不得他再敏捷个十倍，因为K担心副行长可能会再度离去。

他的担心是多余的，那两位先生碰面了，握握手，一起朝着K的办公桌走过来。厂主伸手指着K向副行长抱怨，说经理对这桩生意没有给予足够重视。在副行长的目光下，K又埋首于那些文件之上。当那两人靠在办公桌上，而厂主开始争取副行长，K觉得那两个人仿佛在他头顶上针对他自己在进行谈判，在他的想象中，他们的体型大得出奇。他慢慢地设法得知在他上方所发生的事，眼睛小心翼翼地向上转动，看也不看地从办公桌上拿起那些文件当中的一份，放在摊平的手里，慢慢朝那两位先生举起来，同时他自己也站了起来。他这样做并没有什么特定的用意，只是觉得他必须这么做，因为他想完成那份重要的答辩书，那份该彻底免除他罪责的答辩书。

副行长全神贯注地参与那番谈话，只朝那份文件匆匆一瞥，根本没有浏览上面写了些什么，因为凡是K觉得重要的事，在他看来都不重要。他把文件从K手里接过来，说："谢谢，我已经都知道了。"又平静地把那份文件再放回桌上。K气呼呼地从旁边看着他，副行长却根本没有察觉，或者即使他察觉了也只是觉得更受到鼓励而已。他也常哈哈大笑，有一次甚至用机敏的反驳让那个厂主显然陷入尴尬，但他马上批评自己，让对方脱离了尴尬，最后他邀请对方到他的办公室去，在那里他们可以把这件事处理好。"这件事很重要，"他向那位厂主说，"这我完全能理解。而经理先生，"——就连在这样说的时候，他其实也只对着厂主说话——"肯定也会很高兴，如果我们替他来处理。这件事需要冷静的考虑，而他今天似乎工作负担过重，接待室里也有好几个人在等他，已经等了好几个钟头了。"K勉强还有足够的自制，从副行长面前转过身，向那个厂主投以友善但僵硬的微笑，除此之外他完全没有干预。他把双手撑在办公桌上，身体微向前倾，像个柜台后的店员，看着那两位先生一边继续谈话，一边拿起桌上的文件，消失在行长办公室里。那厂主在门里还再转过身来，说他还没有要告辞，说他当然还会向经理先生报告商谈的结果，此外他也还有一件小事要告知。

终于又剩下 K 一个人。他根本不想再接见其他任何客户，而他隐约意识到，外面那些人以为他还在跟那个厂主交涉，基于这个原因，没有人能进他的办公室，就连那个工友也不能，这实在令人愉快。他走到窗边，坐在窗台上，用一只手紧紧抓住窗框，朝那个广场望出去。雪还依旧下着，天尚未放晴。

他这样坐了很久，并不知道究竟是什么令他担忧。他只偶尔回过头，不安地向通往接待室的门望过去，误以为那儿有声音。由于并没有人进来，他冷静了一点，走到洗手台边，用冷水洗脸，再带着清醒一些的脑袋回到他在窗边的位子上。要接下替自己辩护的工作，此刻这个决定显得比他原先所设想的更为重大。当他把辩护工作推给律师的时候，基本上他并未受到这官司太大的打击，他可以远远地观察，几乎不可能被直接找到，只要他想，他随时可以去查看，看他的案子情况如何，而只要他想，他也随时可以再把脑袋缩回来。如今他若是想自行进行辩护，他就得完全受制于法院，至少就目前来说是这样。自行辩护的结果应该是他将被完全而彻底地释放，但要达到这一步，他肯定暂时得冒更大的险。假如他对这一点还有怀疑，那么今天跟副行长和那个厂主的相处就足以说服他无须怀疑。看他坐在那里，光是决定要自行辩护就已经心神恍惚了，那么将来还会变成什么样子？他将面对的是什么样的日子！他会穿过这重重困难找到正确的出路，通往好的结局吗？难道彻底的辩护——其他的事都毫无意义——难道彻底的辩护不也意味着必须尽可能与其他一切事务隔绝吗？他将能幸运地度过吗？而他如何能在银行里进行此事？毕竟事情不是仅仅写份答辩书就可以——要写那份答辩书也许休个假就够了，尽管在这个时候请求休假有点冒险——毕竟这整桩官司会拖多久还无法预见。K 的职业生涯突然遭遇了这么大的阻碍！

而现在他该替银行工作吗？——他望向那张办公桌——现在他该接见客户，跟他们交涉吗？当他的官司还在进行，当法院阁楼上那些公务员在研读这桩官司的文件时，他应该处理银行的业务吗？这不是像种折磨吗——一种由法院授意、伴随着这桩官司的折磨？而在银行里，别人在评断他的工作时会考虑到他的特殊处境吗？不会有人这么做，永远不会。他的官司并非完全不为人知，就算还不清楚有谁知道，又知道多少。不过，但愿谣言还没有传到副行长那儿，否则他应该一眼就能看出来，看他如何利用此事来对付 K，没有一点同事情谊和人性。而行长呢？他肯定对 K 怀有善意，一旦得知这场官司，说不定就会想尽力替 K 减轻一点负担，不过他肯定办不到，因为他现在越来越受到副行长的影响，因为到目前为止由 K 所构成的平衡力量开始减弱，再说，副行长也会利用行长生病一事来加强自己的势力。所以，K 能指望什么呢？这类的考虑也许削弱了他的抵抗能力，可是不自我欺骗，把眼前的一切尽可能看清楚，还是很有必要的。

他打开窗户，没什么特别的理由，只为了暂时不必回到办公桌旁。那窗户很难打开，他必须用两只手去转动窗框。接着一片夹杂着烟尘的雾气以整面窗户的高度和宽度吹进来，让房间里弥漫着一股淡淡的燃烧气味，几片雪花也被吹了进来。“讨厌的秋天，”那个厂主在 K 背后说，他从行长办公室出来，未被察觉地走进了这个房间。K 点点头，不安地看着那厂主的公文包，这会儿他大概要把文件从公文包里抽出来，好把跟副行长交涉的结果告诉 K。但那厂主追随着 K 的目光，拍拍公文包，却没有把它打开，说道：“你想听听事情的结果。还不错，我几乎已经拿到了交易合约。你们的副行长很讨人喜欢，但绝对是个厉害角色。”他笑了，握握 K 的手，也想逗 K 发笑。然而这会儿 K 又觉得厂主不想把文件拿给他看有点可疑，而且他不认为厂主所说的话有什么好笑。

“经理先生，”厂主说，“大概是这天气让你不舒服吧？你今天看起来心情这么沉重。”“是的，”K说，用手按住太阳穴，“头痛，烦恼家里的事。”“对极了，”厂主说，他性子很急，无法静静地聆听任何人说话，“每个人有自己的烦恼。”

K不由自主地朝着门走了一步，像是想要送这位厂主出去，但此人说：“经理先生，我还有一件小事要通知你。很抱歉我偏偏在今天拿这件事来打搅你，可是最近我已经到你这儿来过两次，而每一次都忘了说。如果再拖下去，说不定这事就完全失去意义了。而若是那样就太可惜了，因为我要告诉你的消息也许并非没有价值。”K还没来得及回答，那厂主就朝他走近，用指节轻轻敲他的胸膛，小声地说：“你有一桩官司，对不对？”K往后退，立刻大声说：“是副行长告诉你的。”“噢，不，”厂主说，“副行长怎么会知道？”“那你呢？”K问，此时镇静多了。“我偶尔会从法院那儿听到一点消息，”厂主说，“而这就跟我想告诉你的消息有关。”

“这么多人都跟法院有联系！”K垂着头说，把厂主带到办公桌前。他们又像先前那样坐下，厂主说：“可惜我能告诉你的不多。不过在这种事情上，再小的事也不该忽略。再说我急着想找个办法帮你，就算我能帮的忙很小。毕竟我们一直是很好的生意伙伴，对吧？嗯，事情是这样的。”K想要为了自己今天在商谈时的举止道歉，但那个厂主不容许别人打断他，把公事包高高地塞到腋下，表示他赶时间，一边往下说：“我是从一个叫提托瑞里的人那儿听说了你的官司。他是个画家，提托瑞里只是他的艺名，我还不知道他的本名叫什么。从好几年前，他就偶尔会到我办公室来，带些小幅画作，为了这些画——他简直是个乞丐——我总会给他一点钱，算是施舍。顺带一提，那些画很漂亮，是草原风景之类的。这些卖画的交易进行得很顺利，我们两个对此都已经习惯了。可是有一回，他来访的次数实在太过频繁，我把我的想法告诉他，跟他聊了起来，我想知道单单靠着画画他如何能养活自己，结果我惊讶地得知他主要的收入来源是画肖像。他说他替法院工作。我问是替哪一个法院工作，而他就向我说起那个法院的事。你一定能够想象他所说的让我有多么吃惊。从那以后，每次他来访，我就会听到一些关于法院的新消息，渐渐地对事情有了点了解。只不过提托瑞里很多嘴，而我常常得叫他别再说了，不单是因为他肯定也会说谎，而主要是因为像我这样的生意人光是担心自己的生意就几乎要崩溃，没有余力再去关心别人的事。不过这只是顺带一提。也许——现在我想到——提托瑞里可以帮上你一点忙，他认识许多法官，而就算他本身没有什么影响力，他还是可以给你一些建议，关于该如何应付各种有影响力的人。而就算这些建议本身不具重要性，依我看来，它们到了你那里还是可以发挥很重要的作用的。毕竟你和律师一样精明。我常说：K经理几乎像个律师。噢，我不会为了你的官司担心。不过，你想去找提托瑞里吗？如果是我介绍去的，他肯定会尽一切努力，只要是他做得到的。我真的认为你应该去。当然不必是今天，方便的时候找一天。不过，我还要说，你一点也不必因为这个主意是我替你出的，就觉得你真的得去找提托瑞里。不，如果你认为你用不着提托瑞里，那么完全把他放在一边肯定比较好。也许你已经有了一个很明确的计划，而提托瑞里可能会妨碍你的计划，那你当然就别去。要让这样一个家伙来提供建议肯定也得要克服一点心理障碍。嗯，这就随便你了。这里是介绍信，这是地址。”

K失望地接过那封信，塞进口袋里。就算在最好的情况下，此一介绍能给他带来的好处也远远小于他所蒙受的损失，这损失在于这个厂主晓得他的官司，而那个画家又把这消息继续传了出去。厂主已经起身往门边走，K觉得应该跟他说几句道谢的话，却几乎说不出口。“我会去，”他说，当他在门边跟厂主道别，“或是写信给他，请他找一天到我办公室来，因为我目前很忙。”“我就知道，”厂主说，“你会找到最好的解决办法。不过，我想你会宁可避免邀请像提托瑞里这样的人到银行来，在这里跟他谈论你的官司，而写信给这种人也不见得总是有好处。但是你肯定把一切都考虑过了，知道什么是你可以做的。”K 点点头，还陪这个厂主穿过接待室。尽管外表看来平静，他对自己却感到震惊。他之所以说他会写信给提托瑞里，只是为了向厂主表示他重视这份推荐，会立即考虑和提托瑞里见面的可能。不过，假如他认为提托瑞里的协助很有价值，那么他也会毫不迟疑地写信给他。而这样做可能带来的危险，是在厂主表示意见之后他才看出来的。难道他真的已经丧失自己的理智了吗？如果他用一封意思明确的信把一个可疑的人物请到银行来，请求对方就他的官司提供建议——在这个跟副行长只有一门之隔的地方——那么他就可能忽略了其他危险，或是朝危险冲过去。这完全有可能。不会总有人在他身边提醒他。偏偏是现在，当他应该全神贯注时，他却怀疑起自己的警觉性来，这种怀疑他从未有过。难道他在处理银行业务时所感受到的困难如今也已在这桩官司中展开？总之，现在他根本不明白自己怎么可能会想写信给提托瑞里，请他到银行来。

他还在为此事摇头，工友走到他身边，提醒他注意坐在接待室一张长凳上的三位先生。他们等着见K已经等了很久。此刻由于工友在跟K说话，他们站了起来，每个人都想利用此一良机，好抢在其他人之前先接近K。既然银行如此不替他们着想，让他们在等候室里白费时间，他们也不想再替别人着想。其中一个已经说道："经理先生。"但是K请工友把他的大衣拿来，在工友的协助下穿上大衣，一边对那三个人说："各位先生，很抱歉，可惜我现在没有时间来接待你们。请各位原谅，但我有件紧急的公事必须处理，马上就得走。各位自己也看见了，我刚才被耽搁了多久。可以请各位明天或是改天再过来吗？还是我们也许可以在电话里谈？或者各位也许想趁现在简短地告诉我你们想谈什么事，之后我会给各位详尽的书面答复。不过，最好是请你们改天再来。"K的建议让这几位先生大为惊讶，这下子他们是完全白等了，他们面面相觑，说不出话来。"那么我们就这么说定了？"K问，朝着那工友转过身去，工友此刻替他把帽子也拿来了。透过K办公室敞开的门，可以看见窗外的雪下得更大了。于是K把大衣领子竖起来，把扣子一直扣到脖子底下。

此时副行长刚好从隔壁房间出来，微笑地看着身穿大衣的 K 跟那几位先生交涉，问道：“经理先生，你现在要出去？”“是的，”K 说，站直了身子，“我得出去办件公事。”但是副行长已经转身面向那几位先生了。“那么这几位先生呢？”他问，“我相信各位已经等了很久。”“我们已经说好了。”K 说。但是这会儿再也拦不住那几位先生，他们包围了 K，表明若非他们有重要的事，必须现在谈，而且是单独跟 K 详谈，他们也不会等上好几个钟头。副行长一边听他们说，一边看着 K——K 拿着帽子站在那里，掸着帽子上的灰——然后说：“各位先生，这件事其实有一个很简单的解决办法。如果你们愿意将就的话，我很乐意代替经理先生来跟你们谈。各位的事当然得马上谈。我们跟你们一样是生意人，懂得生意人时间的宝贵。各位愿意进来吗？”他打开了通往他办公室接待室的门。

副行长多么懂得把 K 现在迫不得已必须放弃的东西据为己有啊！而 K 所放弃的不是远超过这些吗？当他怀着没把握的希望跑去见一个不认识的画家，而且他必须承认这希望十分渺茫，与此同时，他在银行的声望却受到无可补救的损害。如果把大衣脱掉，至少把还得在隔壁房间等待的那两位先生再赢回来，也许会好得多。说不定 K 也真的会这么做，要不是他此刻看见副行长在他办公室里的书架上找着什么，仿佛那是副行长自己的办公室似的。当 K 激动地走近那扇门，副行长大声说："啊，你还没走。"转过来面向 K，脸上那些绷紧的皱纹所表现出的似乎不是年纪，而是力量，随即又开始找了起来。"我在找一份合约的副本，"他说，"那家公司的代表说在你这儿。你要帮我找吗？"K 向前迈出一步，但副行长说："谢谢，我已经找到了。"带着一个大卷宗，走回他的办公室，卷宗里不仅有那份合约副本，肯定还有许多其他文件。

"现在我斗不过他，"K 心想，"可是一旦我解决了私人的问题，就一定让他第一个感觉到，而且是尽可能痛苦地感觉到。"这个念头让 K 稍微安下心来，他交代工友找机会向行长报告说他因公外出，那工友已经把通往走道的门替他打开很久了。他就这样离开了银行，几乎很高兴自己能把一段时间完全用在他的官司上。

他立刻搭车去找那个画家，那画家住在一个郊区，跟法院办事处所在的那个郊区方向正好相反。那个城区还要更穷，房屋更灰暗，街巷满是垃圾，这些垃圾在融化的雪水上缓缓四处漂流。画家所住的那栋房子，大门只有一扇门板打开，另一扇门板下方靠近围墙处却破了一个洞，当 K 走近时，正好有一股让人恶心的黄色液体冒着烟从洞里喷出来，一只老鼠因此逃进附近的水沟里。在楼梯下方，一个幼儿趴在地上哭，但由于位在大门过道另一边的一座铁工场所发出的噪音盖过了一切，几乎听不见哭声。那座工场的门开着，三个伙计围着一件正在做的东西，成半圆形站着，抡起锤子捶打着。一大片白铁挂在墙上，投下一道苍白的光线，从两名伙计中间穿过，照亮了他们的脸孔和围裙。对于这一切K都只匆匆一瞥，他想尽快办完这件事，只用几句话向那个画家打听一下，马上就再回银行去。只要他能在这里取得一点小小的成功，那么对他今天在银行的工作就还能产生好的效果。

在四楼他不得不放慢脚步，气喘吁吁，因为台阶跟楼层都太高，而那个画家据说是住在最上层的阁楼里。况且空气也很不流通，那狭窄的楼梯没有天井，两边都被墙围住，墙上只偶尔在最上方装了小小的窗户。就在K稍微停下脚步时，几个小女孩从一个房间里跑出来，笑着匆匆沿着楼梯往上爬。K跟在她们后面慢慢走，赶上了其中一个女孩，因为她绊了一下，落在其他那些女孩的后面。K跟她一起并排往上爬，问她："这里住着一个叫提托瑞里的画家吗？"那女孩还不到十三岁，有点驼背，听见这话用手肘撞了他一下，侧着脸抬起头来看他。

尽管年少，身体又有缺陷，但她已经是个堕落的女孩。她甚至没有微笑，而是用挑衅的眼神严肃地看着K。K假装没注意到她的举止，问道："你认识画家提托瑞里吗？"她点点头，反问："你找他做什么？"K觉得不妨趁机再了解一下提托瑞里这个人，说道："我想请他替我画肖像。""画肖像？"她问，张大了嘴，用手轻轻拍了K一下——仿佛他说了什么笨拙或是令人吃惊的话——然后用双手撩起原本就很短的裙子，用她最快的速度追上其他那些女孩，她们的叫声已经隐隐约约消失在高处。可是在楼梯的下一个转弯处，K就又碰到了所有的女孩。她们显然是从那个驼背女孩那儿得知了K来此的用意，在这儿等着他。她们站在楼梯两侧，贴着墙壁，让K轻松地从她们之间穿过，一边用手抚平她们的围裙。她们的表情揉合了天真与放荡，就跟这种夹道列队一样。那个驼背女孩如今成为领头，站在这群女孩的顶端，此刻她们又笑着在K身后聚拢起来。

K得要感谢那个驼背女孩让他立刻找到正确的路。因为他本来想继续往上爬，她却指示他，要到提托瑞里那里，必须走楼梯上的一个岔道。通往画家那儿的那道楼梯又窄又长，没有转弯，整个长度可以一眼望尽，楼梯尽头就是提托瑞里的房门。这扇门上方嵌着一个歪歪斜斜的小天窗，因此比起楼梯的其余部分，这里相对而言被照得比较亮，这扇门是由没有上漆的大块木头拼成，门上用红色颜料画出提托瑞里的名字，笔触很粗。K 和他身后那群女孩尚未走到这段楼梯的一半，此时——显然是在那许多脚步声的促使之下——那扇门稍微打开了一点，一个想来只穿着睡衣的男子出现在门缝里。“噢！”当他看见这一群人走上来，他喊了一声，随即消失。驼背女孩高兴地拍手，其他的女孩在 K 身后推挤着，好推着他快点向前。

他们还没有完全爬到上面，此时那画家把门整个打开，深深一鞠躬，邀请 K 进去。但他却挡住了那些女孩，不让她们当中任何一个进去，不管她们再怎么央求，也不管她们再怎么想要违反他的意愿设法挤进去。只有那个驼背女孩得以从他伸长的手臂下方钻进去，但那画家追着她，抓住她的裙子，把她绕着自己甩了一圈，再在门前那些女孩那儿把她放下。后来那个画家虽然离开了门口，那些女孩还是没敢跨过门槛。

K 不知道该怎么判断这整件事，因为看起来仿佛一切都发生在和睦融洽之中。门前那些女孩一个个伸长了脖子，对着画家喊出各种开玩笑的话，K 听不懂，而那个画家也在笑，那个驼背女孩几乎被他甩得飞起来。然后他关上门，再次向K鞠躬，跟K握手，自我介绍地说："我是艺术画家提托瑞里。"K指着门，门后那些女孩在轻声细语，K说："你在这栋房子里似乎很受欢迎。""啊，那些野丫头！"画家说，想把睡衣在脖子处扣起来，却徒劳无功。他光着脚，除此之外只穿着一件泛黄的宽大麻料长裤，用一条皮带束着，皮带长长的尾端晃来晃去。"这些野丫头对我真是个负担。"他继续说，他睡衣的最后一个扣子刚刚被扯掉，他终于放弃了，一边拿来一把椅子，再三请K坐下。"有一次，我画了她们当中的一个——今天她并没有来——从那以后，她们就全都来纠缠我。如果我在这儿，她们只会在我允许时进来，可是我如果不在，那么总是会至少有一个跑来。她们打了一把我这扇门的钥匙，互相借来借去，你简直无法想象这有多烦人。例如，我带一位要请我画像的女士回来，用钥匙打开门，结果发现那个驼背女孩坐在那张小桌旁，用画笔把嘴唇涂成红色，该她照顾的幼小弟妹在这儿到处乱跑，把房间的每个角落都弄脏了。或是我夜里很晚回来，如同昨晚——鉴于这一点，请原谅我这副模样，还有房里的凌乱——嗯，我夜里很晚回来，想上床去，这时候有样东西掐住我的腿，我探头去看床下，又把这样一个小丫头拽出来。我不知道她们为什么老想到我这儿来，而你应该已经发现我并没有试图引诱她们。这当然也妨碍了我的工作。要不是这间画室是免费供我使用，我早就搬走了。”就在这时候，门后一个稚嫩而胆怯的孩子声音喊道：“提托瑞里，我们可以进来了吗？”“不行。”那画家回答。“就我一个人进来也不行吗？”那个声音又问。“也不行。”那画家说，走到门边，把门锁上。

在这段时间里K环顾了这个房间，他自己绝对不会想到这个简陋的小房间可以被称为画室。在这里横向直向最多只能走上两大步。地板、墙壁和天花板都是木头做的，看得见木板之间的窄窄缝隙。床放在K的对面，靠着墙，床上堆满五颜六色的被褥。在房间中央的画架上有一幅画，被一件衬衫盖着，衬衫的袖子直垂到地板上。窗户在K背后，在雾中看出窗外，最远只能看到隔壁房屋被白雪覆盖的屋顶。

钥匙在锁里转动的声音让K想起他本来无意久留。因此他从口袋里掏出那位厂主的信，递给那画家，说道：“我是听你认识的这位先生提起你，在他的建议下到这儿来。”那画家匆匆浏览了一下那封信，把信扔在床上。若非那厂主谈起提托瑞里时分明把他当成一个熟人，当成一个靠他施舍的可怜人，那么此刻K真会以为提托瑞里不认识那个厂主，或者至少是想不起来。此时那画家问道：“你想买画吗？还是想让我画你？”K吃惊地看着那个画家。那封信里到底写了什么？K想当然地假定厂主在信里告知那画家，说K来这儿只是为了打听他的官司。他跑到这儿来实在太过仓促，也太过鲁莽了！然而此刻他必须要设法回答那个画家，于是望向那个画架，说道："你正在画一幅画？""是的。"画家说着，把盖在画架上的衬衫扔到床上，跟那封信一样。"这是幅肖像画。是幅好画，但是还没有画完。"这个巧合对K有利，简直提供了他谈起法院的机会，因为那显然是一位法官的肖像。此外，这幅画跟律师书房里那一幅出奇相似。虽然这一幅画的是一位完全不同的法官，是个胖子，留着又黑又浓的络腮胡，而且律师书房那幅是油画，这一幅却是用粉彩颜料淡淡地着色。但是其余的一切都很相似，因为这幅画上的法官也紧抓着扶手，气势汹汹地正想从他的高背椅上站起来。

"这是个法官嘛。"K下意识地想这么说，却暂时忍住了，走近那幅画，仿佛想要细看。画的中央有个大大的人形，站在高背椅的椅背上方，K看不明白，就问那个画家。"她还得再加工一下。"画家回答，从一张小桌上拿起一支粉彩笔，在那个人物的边缘画了几道细线，K却还是看不明白。"这是正义女神。"画家最后说。"现在我认出来了，"K说，"这儿是蒙住眼睛的布条，这儿是天平。可是她脚后跟上不是还长着翅膀吗？她不是在飞吗？”“是的，”画家说，“我受委托要画成这样，其实这是正义女神和胜利女神合而为一。”“这不是个好组合，”K微笑着说，“正义女神必须静止不动，否则天平就会摇晃，也就不可能做出公平的判决。”“我只是顺从委托人的意思，”画家说。“肯定是，”K说，他那样说无意得罪对方。“你是按照那个人物实际上站在那张高背椅上的样子画的。”“不，”画家说，“我既没有看见那个人物，也没有看见那张高背椅，这一切都是虚构的，但是别人指定我这么画。”“怎么说？”K问，故意装作他不完全明了画家的意思，“这明明是个法官，坐在法官席上。”“对，”画家说，“但这不是高阶法官，而且他从不曾坐在这样一张高背椅上。”“但却还是让自己被画成这么庄严的姿态？他坐在那里就像个法院院长。”“对，那些先生很虚荣。”画家说，“但是他们从上级得到许可被画成这样。每个人被允许画成什么样子都有详细的规定。只可惜从这幅画上看不出服装和座椅的细节，粉彩颜料不适合做这种描绘。”“对，”K说，“用粉彩颜料来画很奇怪。”“是那位法官要求的，”画家说，“他打算送给一位女士。”

注视那幅画似乎引发了他的工作兴致，他卷起衣袖，拿起几支笔，K 在旁边看着。在他颤动的笔尖下，那法官的头部周围形成了一道泛红的阴影，以放射状消失在画的边缘。渐渐地，这道跳动的阴影围绕住头部，像件饰品，也像一种高级勋章。但是正义女神的周边却维持明亮，只上了一层淡淡的色彩，几乎看不出来。在这份明亮中，那人物似乎特别突出，她几乎已经不再让人想起正义女神，也不会让人想起胜利女神，现在她看起来完全像是狩猎女神了。画家的工作让 K 不由得受到吸引，但他终于还是自责已经在这儿待了这么久，却还不曾替自己的官司做了什么。“这位法官姓什么？”他突然问。“这我不能说。”画家回答，他深深朝那幅画弯下身子，明显冷落了他的客人，而他起初接待 K 时却是那么周到。K 认为这是在耍脾气，感到生气，因为这浪费了他的时间。“你大概是法院所信赖的人吧？”他问。画家马上把笔搁在一边，站直身子，搓着双手，微笑地看着 K。

“只要马上说实话就好了，”他说，“你想知道关于法院的事，就如同介绍信里所写的，却先谈起我的画，想赢得我的好感。不过，我不怪你，因为你不可能知道我不吃这一套。”当 K 想要出言反对，画家断然表示拒绝，说：“噢，拜托。”然后接下去说：“此外，你说得完全正确，我是法院所信赖的人。”他停顿了一下，像是想给 K

一点时间来接受这个事实。此刻又听见门后那些女孩发出的声音。她们大概是挤在那个钥匙孔旁边，从那些缝隙或许也能看进房间里。K 没有想什么办法道歉，因为他不想转移画家的注意，但他也不希望画家过于骄傲，在某种程度上变得难以接近，因此他问："那是个被公开承认的职位吗？""不是。"画家简短地说，仿佛这让他说不出其他的话来。但 K 并无意让他哑口无言，说道："嗯，这种不被承认的职位往往比被承认的职位更具有影响力。""在我身上就是这种情形。"画家说，皱起前额，点点头。"昨天我跟那厂主谈起你的案子，他问我愿不愿意帮你的忙，我回答：'那个人可以到我这儿来一趟。'而我很高兴这么快就在这里见到你。这件官司似乎让你很烦心，这我当然一点也不觉得奇怪。也许你想先把大衣脱掉？"尽管 K 本来只打算在这里停留很短的时间，却还是很乐意听到画家这样要求。房间里的空气逐渐让他觉得气闷，他几度纳闷地望向角落里一个显然并未生火的铁炉，房间里何以如此闷热实在无法解释。

当他脱掉大衣，还把外套的扣子也解开，画家带着歉意说："我需要温暖。这里其实很舒适，不是吗？就这一点而言，这个房间的位置很好。"K 没说什么，但是让他觉得不舒服的其实并不是室内的温暖，而是那带有霉味的空气，让人几乎难以呼吸，这个房间大概已经很久不曾通风了。画家请他坐在床上，自己则在房间里唯一的一张椅子上坐下，在画架前面，这让K更觉得不舒服。此外，画家似乎误解了K何以只坐在床缘，反倒请K坐得舒服一点，由于K的犹豫，他自己走过去，把K往那些被褥和垫子里推。然后他又坐回他的椅子上，总算问了第一个实际的问题，让K忘了其余的一切。“你是无辜的吗？”他问。“是的。”K说。回答这个问题几乎令他开心，尤其是他乃是回答一个不具官方身份的人，不必负什么责任。还不曾有人如此坦白地问过他。为了细细品味这份愉悦，他又加了一句：“我是完全无辜的。”“这样啊。”画家说，低下头，像是在沉思。突然他又抬起头来说：“如果你是无辜的，那么事情就很简单。”K的眼神黯淡下来，这个自称是法院亲信的人说起话来就像个无知的小孩。“我的无辜并没有让事情变得简单。”K说。尽管如此，他还是不得不微笑，缓缓地摇头。“法院到处都是阴谋诡计，不得不防。到最后，它会无中生有地扯出一大堆罪状来。”“对，对，没错。”画家说，仿佛K没必要地打扰了他的思绪。“可是你的确是无辜的？”“是的。”K说。“这是重点所在。”画家说，不受反对意见的影响，只不过他虽然坚决，却看不出他这么说是出于信念还是只是由于不在乎。K想先确认这一点，于是说：

“你对法院想必知道得比我更多，我知道的就只是从别人那儿听来的，不过是从各式各样的人那儿听来的就是了。可是大家在一件事情上都意见一致，就是法院不会轻率地提出控告，法院一旦提出控告，就深信被告有罪，而且很难让法院改变这个信念。”“很难？”画家问，把一只手往半空中一挥，“是永远改变不了。如果我把所有的法官并排画在一张画布上，让你在这张画布前为自己辩护，那么你获得的成功还会比在真正的法庭上更大。”“是的。”K 自言自语，忘了他本来只是想试探那个画家。

门后又有一个女孩问起：“提托瑞里，他还没有要走吗？”“安静，”画家对着门喊，“你们没看见我在跟这位先生谈事情吗？”但是那个女孩并不罢休，又问道：“你要画他吗？”画家没有回答，她又说：“请不要画他，这么丑的一个人。”其他女孩随即叽叽喳喳地表示同意。画家冲到门边，把门打开了一条缝，可以看见那些女孩央求地双手交握，向前伸出，画家说：“你们如果不安静下来，我就把你们全都扔下楼梯。在台阶上坐下来，不要闹。”她们很可能没有马上照办，于是他不得不下命令：“在台阶上坐下！”她们这才安静下来。

“请原谅，”画家说，然后再度走回 K 身边。K 几乎没有转过身去面对着门，画家是否要替他辩护，要如何替他辩护，他都完全交给画家去处理。此刻他也几乎动都没动，当画家朝他弯下身子，在他耳边轻声说道："这些女孩也是法院的人。""怎么说？"K问，把头歪向一边，看着那画家。但此人再度在椅子上坐下，半开玩笑、半解释地说："其实一切都属于法院。""这我还没有察觉。"K简短地说，画家这种泛泛的说法消除了先前关于女孩的那句话中所有令人不安之处。尽管如此，K还是朝门那儿望了一会儿，门后那些女孩此刻安静地坐在楼梯上。只有一个女孩把一根麦秆插进木板之间的缝隙，让麦秆缓缓地上下移动。

"看来你还不了解法院的概况。"画家说，把两条腿叉开，向前伸直，用脚尖拍打着地板。"不过既然你是无辜的，你也不需要了解。我一个人就能把你救出来。""你打算如何办到？"K问："刚才你明明说过，法院根本不接受证据。""不接受的只是向法院提出的证据。"画家说，举起了食指，仿佛K忽略了一个微妙的区别。"背着公开的法庭所做的尝试就另当别论了，也就是在商谈室里，在走廊上，或者举例来说，在这间画室里。"

画家此刻所言在K看来不再那么不可信，反而跟K从其他人那儿听来的颇为一致。没错，事情看来确实大有希望。如果像那位律师所说，那些法官果真很容易被个人关系所左右，那么这个画家跟那些虚荣的法官之间的关系就格外重要，至少绝对不能低估。K逐渐在自己身边聚集起一批能帮助自己的人，而这个画家就是其中非常重要的一位。在银行里，别人曾经称赞过他的组织能力，此刻，当他完全得仰赖自己时，正是考验他这种能力的好机会。画家观察着他的话在K身上所产生的效果，然后略带担忧地说："你难道没注意到我说起话来几乎像个法律界人士？这是不断跟法院那些先生来往所造成的影响。当然我从中得到很多好处，但是艺术家的热情就丧失了大部分。""你最初是怎么跟那些法官有了接触的？"K问，他想先赢得画家的信赖，在他直截了当地雇用此人之前。"那很简单，"画家说，"这份关系是我继承来的，我父亲就是个法庭画家。这个职位向来是家传的。没办法用新人，因为要画各种等级的官员，订有各式各样的规矩，尤其是秘密的规矩，除了特定的家族之外根本就没人知道。举例来说，在那边那个抽屉里有我父亲所做的笔记，我从来没给别人看过，而只有熟悉这笔记的人才有能力替法官画肖像。不过，就算我把这些笔记弄丢了，单单在我脑子里就记得许多规则，所以没有人能够来抢我的职位。毕竟每个法官都希望能被画成像古代那些伟大的法官一样，而这一点只有我能做到。""这很令人羡慕，"K说，想起他在银行的职位，"所以说，你的职位是无法动摇的啰？”“没错，无法动摇。”画家说，得意地耸起肩膀。“所以我才敢偶尔帮助一个有官司缠身的可怜人。”“那你是怎么做的呢？”K问，仿佛画家刚才称之为可怜人的并不是他。但画家没有被转移注意力，而是说：“例如，以你的情况来说，既然你是完全无辜的，我就会照下面所说的去做。”

画家一再提起他的无辜已经让K觉得厌烦。他有时觉得画家这样说是假定这桩官司会赢，把这个结果视为他提供帮助的先决条件，而这样一来，他的帮助当然就毫无意义。虽然有这份疑虑，K却自我克制，没有打断那画家。他不想放弃画家的帮助，这一点他已经下定了决心，而且他也觉得画家的帮忙不会比那律师的帮忙更可疑。K甚至宁可接受画家的帮助，远胜过律师的帮助，因为画家能够更亲切、更坦率地提供协助。

画家把他的椅子朝床边拉近了一点，压低了嗓音继续说：“我忘了先问你想要哪一种释放。共有三种可能，亦即真正的无罪释放、表面上的无罪释放，以及拖延。真正的无罪释放当然是最好的，只不过我对这种解决方式一点儿影响力也没有。依我看来，根本没有人能影响真正的无罪释放。在这一点上，大概只取决于被告的无辜。既然你是无辜的，那么你的确可以依据自己的无辜为自己辩护。不过，在这种情况下，你就不需要我的帮助，也不需要其他人的帮助。”

这番条理分明的阐述起初让 K 惊愕，但他接着跟那画家同样小声地说：“我想你说的话自相矛盾。”“怎么说？”画家耐着性子说，面露微笑，在椅子上往后靠。这抹微笑让 K 觉得他此刻仿佛不是要揭发画家话里的矛盾，而是要揭发司法程序本身的矛盾。尽管如此，他也并未退缩，说道：“先前你说法院不接受证据，后来你把这一点局限于公开的法庭，现在你居然说无辜者在法院面前不需要帮助。这其中就已经有一种矛盾。另外，你先前说过，可以通过个人的关系来影响法官，现在却说你所谓的‘真正的无罪释放’从来无法通过私下的影响而达到。这其中就有第二种矛盾。”

“这些矛盾很容易澄清，”画家说，“这里谈的是两件不同的事，一件是法律中所记载的，另一件是我自己所经验到的，你不能把这两者弄混了。在法律中——不过我并没有读过——一方面当然写着无辜者将被释放，另一方面并没有写着法官能被影响。可是，我所经验到的却正好相反。我没见过真正的无罪释放，却见过很多企图影响法庭的尝试。当然，也许是在我所知道的所有案子当中没有人真正无辜。可是，这不是不太可能吗？在这么多案子当中居然没有一个人无辜？我小时候就仔细听父亲说话，他在家里谈起那些官司，到他画室来的那些法官也会谈起法院的事，在我们这个圈子里大家根本不谈别的。我自己一有机会到法院去，总是好好加以利用，我聆听过无数的审判，在各个重要的阶段，在可见的范围内追踪这些审判的发展，而我得承认，真正的无罪释放我连一次也没经历过。”“所以说不曾有过一次无罪释放，”K说，仿佛是在自言自语，在和他的希望说话，“但是这却证实了我原先对法院的看法。也就是说，就这一方面而言，法院也毫无意义。一个刽子手就足以取代整个法院。”“你不能这样一概而论，”画家不满地说，“我所说的只是我的经验。”“可是这就足够了呀，”K说，“还是你听说过更早以前曾经有过无罪释放？”“这种无罪释放，”画家回答，“据说的确有过，只不过很难证实。法院并没有公布最终的决定，就连法官都不得而知，所以，关于古老的法院案例，留下来的只有一些传闻。这些传闻当中大多数都是真正的无罪释放，你可以相信这些传闻，但却无法对此加以证实。尽管如此，这些传闻也不能完全加以忽视，它们肯定含有某种真相，而且也很动人，我自己就画过几幅以这种传闻为内容的画。”“单单是传闻改变不了我的看法，”K说，“在法庭上大概也无法引用这些传闻吧？”画家笑了，说：“当然无法引用。”“那么去谈这些就毫无用处。”K说。

他想先暂时接受画家的所有看法，就算这些看法在他看来未必可信，而且与其他人的说法互相矛盾。此刻他没有时间去检视画家所说的一切是否真实，甚至去加以反驳，如果他能促使这画家用某种方式来帮助他，哪怕帮不上什么大忙，那他也已经颇为成功了。因此他说：“那么我们先撇开真正的无罪释放不谈，你还提起过另外两种可能。”“表面上的无罪释放和拖延，能谈的就只有这两种可能，”画家说，“不过，在我们开始谈之前，你要不要先把外套脱掉。你大概很热吧？”“是的。”K说，到目前为止，他只专心聆听画家的话，此刻由于画家提醒了他室内的闷热，他额头上的汗冒得更厉害了。“简直热得受不了。”画家点点头，仿佛他很了解K的不适。“不能把窗户打开吗？”K问。“不能，”画家说，“那只是片嵌死的玻璃，没办法打开。”在这段时间里，K一直希望那画家或他自己会突然走到窗边，去把窗户打开，就算是雾气，他也准备好要张开嘴巴吸进来。完全与空气隔离的那种感觉令他晕眩。他用手轻轻拍了一下身旁的羽绒被，用微弱的声音说：“这实在很不舒适，也很不健康。”“噢，不，”画家说，替他的窗户辩护，“虽然那只不过是一块简单的玻璃，但由于不能打开，比起双层窗户更能够留住室内的暖气。如果我想通通风，我可以把一扇门打开，甚至把两扇门都打开，不过并没有这个必要，因为从那些木板的缝隙里到处都有空气钻进来。”这番说明让K稍微感到安慰，他四下张望，想找到那第二扇门。画家注意到了，便说：“那扇门在你背后，我必须用床把它挡住。”此时K才看见墙上那扇小门。“对一间画室来说，这里实在太小了。”画家说，仿佛想先发制人，以免K责怪。“我得尽量适应。把床放在门前当然很糟。举例来说，我目前在画的那个法官总是从床边这扇门进来，我也给了他一把这扇门的钥匙，就算我不在家，他也可以在画室里等我。可是他习惯在一大早来，那时候我还在睡觉，当床边的门被打开，我总是从熟睡中被弄醒。当那法官一大早从我床上爬过去时，如果你能听见我对他的咒骂，你就会失去对法官的所有敬畏。我固然可以拿走他的钥匙，但是这样一来事情只会更糟，因为这里所有的门都能毫不费力地从门枢上卸下来。”

在听这一整段话时，K考虑着是否该脱掉外套，而他终于认清，如果他不这么做，就无法在此地再待下去，因此他脱掉了外套，放在膝盖上，一旦商谈结束，就可以立刻再穿上。他才把外套脱掉，一个女孩就喊道：“他已经把外套脱掉了。”听得见所有的女孩都挤向墙上的缝隙，好亲眼看见这出表演。画家说：“那些女孩以为我要画你，所以你才脱掉了外套。”“是吗。”K说，并未被逗乐，因为他此刻虽然只穿着衬衫坐在那里，却没有比之前舒服多少。他几乎闷闷不乐地问："你是怎么称呼另外那两种可能的?"他已经又忘了那两个说法。"表面上的无罪释放和拖延，"画家说，"由你来决定要选择哪一种。这两种我都能帮忙做到，当然还是要费点力气。就这一点而言，差别在于表面上的无罪释放需要在短时间里集中地作出努力，拖延则费的力气比较小，但要持续不懈。先说说表面上的无罪释放。如果这是你想要的，我就在一张纸上写下证明，证明你无辜。我父亲留给了我这种证明的写法，而且完全无懈可击。然后我就带着这张证明，逐一去拜访我认识的那些法官。今天晚上，我目前正在画的那个法官来让我画画时，我就把这张证明给他过目。我把证明呈给他看，向他说明你是无辜的，并且替你的无辜担保。这不只是表面上的担保，而是真正具有约束力的担保。"画家的眼神里露出一丝责怪，像是埋怨 K 想让他承担这种担保的重负。

"你若这样做实在太好心了，"K 说，"而那个法官也会相信你，但即便如此还是不能真的将我无罪释放?""这我已经说过了，"画家回答，"况且，也不能确定每个法官都会相信我。例如，有的法官会要求我把你本人带去见他，那么你就得跟我一起去一趟。不过，在这种情形下，这官司已经赢了一半，我事先当然会详细地告诉你在那位法官面前该如何举止。比较糟糕的情况是有些法官从一开始就拒绝我，这种情况也可能发生。这些法官我们就必须放弃——尽管我当然还是会多番尝试，而且放弃他们也没有关系——因为在这件事情上，个别的法官不具有决定性。等我在这份证明上收集到足够数量的法官签名，我就可以带着这份证明去找正在处理你这件官司的法官。有可能我也收集到了他的签名，那么一切的进展就会比平常更快。一般说来，在这之后基本不会遇上太多障碍，对于被告来说，那将是最充满信心的时候。在这个阶段，人要比在无罪释放之后更充满信心，这很奇怪，但却是真的。这时候无须再特别费力了。在这张证明上有许多法官的担保，那个法官可以放心地将你无罪释放，而且在办妥了各种手续之后，他也一定会将你无罪释放，给我跟其他熟人一个面子。而你从法院走出来，从此自由了。”

“所以说，在那之后我就自由了。”K迟疑地说。“对，”画家说，“可是只是表面上自由了，或者说得更清楚一点，是暂时自由了。因为我认识的法官属于低阶法官，他们没有权力彻底宣告无罪释放，只有最高阶的法院才拥有这项权力，而这个法院对你、对我、对所有的人来说都无法企及。那里是什么样子，我们不知道，顺带一提，我们其实也不想知道。也就是说，我们的法官不握有免除控告的大权，但却握有摆脱控告的权力。意思是说，如果你以这种方式被无罪释放，你就暂时躲开了控告，但是这控告还是继续悬在你头上，一旦更高阶的命令下达，就能立刻生效。因为我跟法院的关系非常好，我也可以告诉你，在法院办事处的规章里，真正无罪释放和表面上的无罪释放之间有一个纯粹形式上的区别。真正的无罪释放，官司档案会被彻底销毁，从司法程序中完全消失，不仅是与控告有关的档案，而是连审判、乃至于无罪释放的相关档案都会被销毁。表面上的无罪释放就不同了。那些档案并没有动，只是增加了无辜证明、无罪释放的判决和理由。除此之外，这些档案留在司法程序中，按照法院办事处对公文传递的要求，被继续呈送给更高阶的法院，然后再回到较低阶的法院，就这样来来回回，频率时高时低，停顿时间或长或短。这些路径是难以揣度的。从外面看起来，有时候会出现一种假象，仿佛一切早已被遗忘，档案已经遗失，无罪释放已经变成彻底的了。但是熟悉内情的人不会相信。任何档案都不会遗失，法院什么也不会忘记。有一天——没有人预料得到——哪个法官比较仔细地读了这份档案，看出在这个案子中控告仍继续有效，就可以立刻下令逮捕。在这一点上，我是假定，在表面上的无罪释放跟重新逮捕之间会有很长一段时间，这是可能的，而我也听说过这种情况。但是同样也可能发生这样一种情况，当被无罪释放的那人回到家里时，就已经又有人奉命在那里等他，好再度逮捕他。如果是这样，自由的生活当然就结束了。”

“而官司又重新开始？”K问，简直不敢相信。“没错，”画家说，“官司又重新开始，不过，就跟先前一样，还是有机会再获得表面上的无罪释放。那就得不屈不挠，再度集中所有的力量。”画家说最后这句话，也许是因为他觉得K有点垂头丧气。“可是，”K问，仿佛想要抢在画家揭露那个秘密之前，“要二度获得无罪释放不是比第一次更难吗？”“这一点很难说，”画家回答，“你是说那些法官会由于被告二度遭到逮捕而做出对被告不利的判决吗？事情并非如此。那些法官在做出无罪释放的判决时就已经预见了被告可能会再度被捕，所以这个情况几乎不会造成影响。不过，基于数不清的其他原因，那些法官的情绪以及他们对此案的判断却可能会有所改变，因此，为了二度获得无罪释放所做的努力必须要配合这些已经有所改变的情况，一般说来就跟第一次为了获得无罪释放所做的努力一样大。”“可是这第二次的无罪释放仍旧不是彻底的。”K说着，不以为然地别过头去。“当然不是，”画家说，“在第二次无罪释放之后是第三次逮捕，在第三次无罪释放之后是第四次逮捕，依此类推。

这本来就包含在‘表面上的无罪释放’这个概念里。”

K沉默不语。“看来你显然不觉得表面上的无罪释放对你有利。要我向你说明拖延的本质吗?”K点点头。画家懒洋洋地靠坐在椅子上，睡衣敞开，他把一只手伸进睡衣里，抚摸自己的胸膛和体侧。“所谓的拖延,”画家说着，向前方凝视了一会儿，像是在寻找一种完全贴切的说明，“是将官司持续保持在最低层的阶段。要达到这一点，被告和协助者必须和法院不断保持接触，尤其是协助者。我再重复一次，在这件事情上不像获得表面上的无罪释放需要费那么多力气，但却需要集中更多的注意力。你必须密切注意这桩官司，必须每隔一段时间就去找主事的法官，碰到特殊情况也要去找他，想方设法跟他维持良好的关系。如果你本人并不认识那位法官，那么就得通过相识的法官来影响他，但也不能因此就放弃直接跟他商谈。如果这些事情你一件都没有忽略，那么你的官司肯定不会超越第一阶段的。虽然官司并未结束，但被告几乎肯定不会受到判决，就仿佛他是个自由人一样。相对于表面上的无罪释放，拖延的优点在于被告的未来不会那么不确定，可免于承受突然被捕的惊吓，也不必担心偏偏在最不凑巧的时候，得要为了获得表面上的无罪释放而费力伤神。只不过，对于被告来说，拖延也具有一些不可低估的缺点。我指的倒不是被告永远不得自由这件事，就算是表面上的无罪释放，他其实也一样不得自由。我指的是另外一个缺点。除非有理由——至少是表面上的理由——否则官司不能停滞。因此，在官司进行中总得有点事情发生。也就是说，每过一段时间，法院就必须下达各种指示，被告必须接受审讯，调查必须进行，诸如此类。必须让官司在刻意限定的小圈子里不停转动。这当然会给被告带来某些不便，但你也不必把这些不便想得太糟。一切都只是做做样子，例如审讯的时间都很短，如果哪一次你没空或是没有兴致去受审，你也可以请假。甚至可以事先跟某些法官共同议定对某一段时间的安排，事实上，重点只在于身为被告的人每过一段时间得去向他的法官报到。”他说最后这句话时，K已经把外套挽在手臂上，站了起来。

“他已经站起来了。”门外立刻有个女孩喊道。“你已经要走了吗？”画家问，也站了起来。“肯定是这里的空气让你待不住，真是不好意思。我本来还有更多话要对你说，而我不得不长话短说，但愿我说得够清楚。”“噢，够清楚了。”K说，由于强迫自己努力倾听，他感到有些头痛。尽管得到了肯定的回答，那画家又把一切再概述了一次，仿佛想给K一点安慰，让他带着这一丝安慰踏上归途：“这两种手段的共同点在于阻止对被告做出判决。”“但也阻止了真正的无罪释放。”K轻声说道，仿佛因为识破了这一点而感到羞愧。“你抓住事情的重点了。”画家很快地说。K 把手放在他的冬季大衣上，却无法下定决心把外套穿上。他巴不得收拾起所有的东西，冲向新鲜空气。尽管那些女孩老早就向彼此呼喊，说他在穿衣服了，却也无法促使他穿上衣服。那画家想设法解读 K 的情绪，便说：“关于我的建议，你大概还没有做出决定。我赞成你多想一想，甚至会劝你不要马上决定。优点和缺点只有一线之隔，必须仔细地衡量一切。不过，却也不能耽误太多时间。”“我很快就会再来。”K 说，他突然下定决心把外套穿上，把大衣往肩膀上一披，急忙朝着门走去。门后那些女孩立刻尖叫起来。

“你可要说话算话，”画家说，他没有跟在 K 身后，“否则我会自己到银行去问个清楚。”“请你把门打开吧。”K 说，扯着门把，从那股抗力他察觉出那些女孩从门外抓紧了门把。“你想被那些女孩纠缠吗？”画家问，“你还是从这里出去比较好。”他指着床后面那扇门。K 同意了，又冲回床边。但是那画家并没有把那扇门打开，反而钻到床下，从下面问道：“再等一下就好。你要不要再看一幅也许我可以卖给你的画？”K 不想失礼，那画家的确很关心他，而且答应继续帮助他，况且由于 K 的健忘，他们还根本不曾谈到这份协助的酬劳，因此 K 此刻无法拒绝他的要求，尽管他迫不及待想离开这间画室。

画家从床下拉出一堆没有装框的画作，上面满是灰尘，当他想把灰尘从最上面一幅画上吹掉时，那一层灰在K眼前飞舞了许久，让他无法呼吸。“一幅原野风景。”画家说着，把那幅画递给K。画上是两棵瘦弱的树，彼此相距甚远，立在深色的草地上，背景是多彩的落日。“很美，”K说，“我买下了。”K不假思索地简短回话，庆幸那画家并未见怪，反而从地上拿起第二幅画。“这一幅跟那一幅是相对应的。”画家说。这幅画也许是有意画成对应之作，但其实看不出跟第一幅画有任何差别，这儿是两棵树，这儿是草地，那儿是落日。但是K并不在乎。“这是美丽的风景，”他说，“我两幅都买了，我会把它们挂在我办公室里。”“看来你喜欢这个主题。”画家说着，又拿起第三幅画，“正巧我这儿还有一幅类似的画。”然而那不是类似，根本就是一模一样的原野风景。这画家善于利用机会来出售旧作。“这一幅我也一起买了，”K说，“这三幅画要多少钱？”“这个我们下次再谈，”画家说，“现在你赶时间，而我们反正会保持联系。再说，我很高兴你喜欢这些画，我会把下头这些画全都给你。都是些原野风景，这种画我画过很多。有些人排斥这种画，因为它们过于阴沉，而另外一些人却偏偏喜欢这种阴沉，而你就属于这种人。”

然而此刻K无心听取这位乞丐画家的职业经验。“把所有的画都装起来，”他大声说，打断了画家的话，“明天我请工友过来拿。”“没有必要，”画家说，“我希望能找到人来替你搬运，他可以马上跟你一起走。”他终于弯下身子越过那张床去把门打开。“你尽管爬上床，”画家说，“每个从这里进来的人都这么做。”就算画家没有这样敦促，K也不会有所顾忌，甚至一只脚已经踩上了那条羽绒被，此时他从打开的门望出去，又把那只脚缩了回来。“那是什么？”他问那画家。“什么事让你感到惊讶？”这人问道，也同样惊讶。“这是法院办事处。你难道不知道这里是法院办事处吗？毕竟每个阁楼上几乎都有法院办事处，为什么偏偏这里不该有呢？我的画室其实也属于法院办事处，但是法院把它交给我来使用。”

K之所以吓一跳，主要倒不是因为他在这里也发现了法院办公室，而是因为他自己对法院事务一无所知。就一名被告而言，他觉得一个基本规则是随时做好准备，永远不要为了什么事而吃惊，如果法官就站在他左边，那就不要浑浑噩噩地看向右边——而他偏偏一再违反这个基本规则。一条长长的走道在他面前伸展开来，一股空气从走道上吹过来，与之相比，画室里的空气还算清新了。走道两侧摆着长凳，就跟负责处理K案子的那个办事处的等候室一样。看来对于办事处的布置有明确的规定。目前来来往往的当事人不多，一名男子半躺着坐在那里，把脸搁在长凳上，埋在一条手臂里，看起来像在睡觉，另一个男子站在走道尽头的昏暗中。

K从床上爬出去，画家拿着那些画跟在他后面。没多久他们就遇到一名法院工友——如今K已经能从那枚金钮扣认出所有的法院工友，这枚金钮扣存在于这些工友所穿便服上的普通钮扣之中——画家便交代他带着那些画陪着K回去。K脚步蹒跚，用手帕捂着嘴巴。快要接近出口时，那些女孩朝他们蜂拥而来，K终究没能躲过她们。她们显然是看见画室的第二扇门打开了，于是绕了一段路，改从这一侧进来。“我不能再陪你走了，”置身于蜂拥而来的女孩之中，画家笑着大声说，“再见！不要考虑太久哦！”K没有回过头去看他。到了街上，他坐上迎面而来的第一辆马车。他很想把那工友甩掉，那人的金钮扣不停地刺入他的眼帘，虽然那粒扣子大概不会引起其他任何人的注意。那个殷勤的工友还想在车夫旁边坐下，K却把他赶了下去。等K回到银行，早已经过了中午。他本来想把那些画留在马车里，又担心在某个场合需要向那画家证明他持有这些画，因此叫人把画搬到他办公室，锁在办公桌最下面一个抽屉里，这样至少在接下来这几天确保不会让副行长看见。

商人布罗克解聘律师

K终于还是决定不再让那个律师来代表他。虽然无法根除这样做是否正确的疑虑，但是认为必须这样做的信念占了上风。这个决定在K打算去见律师的那一天让他的工作能力大打折扣，他工作得特别慢，不得不在办公室待很久，等他终于站在律师门前时，已经十点多了。在按铃之前，他还在考虑，用打电话或是写信的方式来通知律师解聘一事会不会比较好，面对面地谈论此事肯定会很尴尬。尽管如此，最后K还是不想放弃面谈，如果用其他方式来解聘，此事就会被默默地接受，或者律师会冠冕堂皇地写几句话来接受。除非蕾妮能够打听到什么，否则K永远不会得知律师对于被解聘一事有何反应，也无从得知根据那律师的看法，解聘律师对于K会有什么后果，毕竟他的看法还不是那么不重要。一旦律师坐在K的对面，而意外得知自己被解聘，就算无法促使他说出很多，K还是能轻易地从他的表情和举止来推断出他心中所想。当然K也可能会被说服还是交由律师来替他辩护比较好，那他就会把解聘一事撤销。

一如平常，在律师门前按第一次铃毫无反应。“蕾妮的动作可以快一点。”K心想。不过，只要别再有人跟平常一样来多管闲事，就已经谢天谢地了，不管是那个身穿睡袍的男子，还是另外哪个人。第二次按铃时，K回过头去看另外那扇门，可是这一次就连那扇门也关着。律师门上的窥视窗里终于出现了两只眼睛，但却不是蕾妮的眼睛。对方打开了门锁，却暂时还把门顶着，回头向客厅里喊：“是他。”然后才把门完全打开。K伸手推门，因为他已经听见在他身后另外那间公寓的门里有钥匙在锁里匆匆转动。因此，当他面前那扇门终于打开时，他简直是冲进了玄关，这时看见穿着衬衣的蕾妮沿着房间之间的走道跑开，开门者那声警告是对她喊的。K看了她的背影一会儿，然后回头去看开门的那人。

那是个瘦小的男子，一脸大胡子，手里拿着一根蜡烛。“你在这里工作吗？”K问。“不，”那人回答，“我不是这里的人。我来这里是为了一件法律事务，那律师是我的代理人。”“没穿外套就来了？”K问，做了个手势，指出那人不合宜的衣着。“啊，请见谅，”那人说，用蜡烛照着自己，仿佛他也是现在才看见自己这副模样的。“蕾妮是你的情人吗？”K冷冷地问。他把双腿微微叉开，拿着帽子的双手在身后交握。单单是由于穿着一件厚外套，他就自觉比那个瘦削的矮子强上许多。“噢，老天，”那人说着，把一只手举在面前，震惊地否认，“不，不，你想到哪里去了？”“你看起来很可信，”K微笑地说，“尽管如此——来吧。”K用帽子向他示意，让他走在前面。“你叫什么名字呢？”K边走边问。“布罗克，我是商人。”那矮子说，他在自我介绍时朝K转过身来，但是K并未容许他停下脚步。“这是你的真名吗？”K问。“当然，”那人回答，“你怎么会有所怀疑呢？”“我以为你或许会有理由隐瞒自己的名字。”K说。他感到毫无拘束，平常只有在外国跟地位卑微的人说话时才会这般毫无拘束，不必透露跟自己有关的一切，只冷静地谈论对方感兴趣的事，借此提高他们在自己面前的地位，但也可以随心所欲地不再理睬他们。

K在律师的书房门口停下脚步，打开了门，朝那个乖乖地继续向前走的商人喊：“别那么急！来把这里照亮。”K以为蕾妮可能躲在这里，他让那个商人搜寻了每一个角落，但房里没有人。K走到那法官的画像前面，从身后拉着那商人的长裤吊带，把他拽回来。“你认识这人吗？”他问，伸出食指往高处指。商人把蜡烛举起，眨着眼睛往上看，说：“这是个法官。”“是个高阶法官吗？”K问，站到商人的侧前方，好观察那幅画给这个人的印象。商人欣赏地向上看，说："这是个高阶法官。""你的观察力不怎么样，"K说，"在低阶初审法官当中他是阶级最低的。""现在我想起来了，"商人说着，把蜡烛放低，"我也听说过。""当然，"K大声说，"我忘了，你当然想必已经听说了。""可是为什么？为什么呢？"商人问，他被K用双手推着朝门前进。在外面的走道上K问："你该知道蕾妮躲在哪里吧？""躲？"商人说，"不，她可能是在厨房里替律师煮汤吧。""为什么你没有马上告诉我？"K问。"我本来是想带你过去的，可是你又把我叫了回来。"商人回答，被这互相矛盾的命令给弄糊涂了。"你大概自以为很聪明吧，"K说，"那就带我过去！"

K还从未去过厨房，那厨房大得出人意料，而且陈设豪华，光是灶台就有普通灶台的三倍大，其余的部分无法看清，因为此刻只有一盏挂在入口处的小灯照亮厨房。蕾妮站在炉边，跟平常一样系着白色围裙，把蛋打进一个锅里，锅放在酒精炉火上。"约瑟夫，你好，"她说着，斜斜地一瞥。"你好。"K说着，伸手指着旁边一张椅子，要那个商人坐下，而那人也坐下了。K却走到蕾妮身后，贴近她，俯身在她肩膀上，问道："那个男人是谁？"蕾妮用一只手搂住了K，用另一只手在汤里搅拌，把他拉到自己面前，说："那是个值得同情的人，一个可怜的商人，叫做布罗克。看看他那副样子。”他们两个都往后看。那商人坐在K要他去坐的那张椅子上，吹熄了此刻已经用不着的蜡烛，用手指捏住烛芯以免冒烟。“你先前只穿着衬衣。”K说着，把她的头再扳回去面向炉台。她沉默不语。“他是你的情人吗？”K问。她想伸手去拿那个汤锅，但是K抓住了她的双手，说：“回答我！”她说：“到书房来，我会向你解释一切。”“不，”K说，“我要你在这里解释。”她依偎着他，想吻他，但K拒绝了，说：“我不要你现在吻我。”“约瑟夫，”蕾妮央求着，但坦率地直视着K的眼睛，“你不会是嫉妒布罗克先生吧。”于是她向那商人说道：“鲁迪，帮帮我吧，别管那蜡烛了。你看他在怀疑我。”别人会以为他没有注意听，但他完全了解状况。“我也不明白你为何要嫉妒。”他说，回答得不算机敏。“我其实也不明白。”K说着，微笑地看着那商人。

蕾妮大声笑了，趁着K不注意，挽住他的手臂，轻声地说：“别管他了，你也看见了他是个什么样的人。我稍微关照一下他，因为他是律师的重要客户，没有别的原因。你呢？你今天还想跟律师谈话吗？他今天病得很厉害，可是如果你想见他，我还是会去通报。不过，你当然要留在我这儿过夜。你已经很久没来了，就连律师都问起你了。不要疏忽了你的官司！我也有好些事情要告诉你，是我听到的事。不过，现在先把你的大衣脱掉！”她帮他脱掉大衣，从他手里接过帽子，拿着衣帽跑到玄关去挂起来，然后再跑回来看那锅汤。“要我先去告诉他你来了吗？还是先让我把汤端去给他？”“先去告诉他我来了。”K说。他在生气，原本他打算好好跟蕾妮谈谈他的事，尤其是该不该解聘律师，但由于那商人在场，让他失去了谈论此事的兴致。然而，此刻他终究还是觉得自己的事实在重要，不该让这个矮小的商人造成或许具有关键性的影响。于是他把已经在走道上的蕾妮又叫了回来。“还是先把汤端去给他吧，”他说，“要跟我商谈，他应该增加一点体力，他会需要的。”“你也是律师的当事人。”商人角落里小声地说，像是在做确认。“这关你什么事？”K说，蕾妮则说，“你安静点。”“那我就先把汤端去给他。”蕾妮和K说着，把汤倒进一个盘子里。“我只担心他会很快睡着，吃过东西后他很快就会睡着。”“我要跟他说的事会让他保持清醒的。”K说，他一再想让人看出他有重要的事要跟律师谈，希望蕾妮会问他是什么事，然后他再问她的意见。但她却只是认真地执行他所下达的命令。当她端着盘子从他身边走过，她故意轻轻推了他一下，小声地说：“等他喝完了汤，我就马上告诉他你来了，好让你能尽快再回到我这儿。”“去吧，”K说，“去吧。”“你就亲切一点嘛。”她说着，端着盘子走到门里还又整个转过身来。

K目送着她，现在他下决心要将那律师解聘掉。事前没能再跟蕾妮谈起此事可能也比较好，她没有足够的能力来综观这整件事，肯定会劝他不要这么做，说不定这一次能真的阻止他解聘律师，而他将继续心怀疑虑和不安，过了一段时间之后，最终他还是会贯彻他的决定，因为这个决定太重要了，不能这样放弃。而这个决定越早被执行，就越能避免更多的损害。另外，针对这件事，这个商人或许有话可说。

K转过身，那商人一察觉，立刻就想站起来。“继续坐着。”K说着，拉了一张椅子到他旁边。“你是这律师的老客户吗？”K问。“是的，”商人说，“很老的客户了。”“他代表你有多少年了？”“我不知道你指的是什么，”商人说，“在生意的法律事务上——我经营谷物买卖——这律师从我接手那家店之后就代表我了，那大约是在二十年前。在我个人的官司上，你指的可能是这个，他也是从一开始就代表我，已经五年多了。”“没错，远远超过五年了，”他又加了一句，掏出一个旧皮夹，“我把一切都记在这里，如果你想知道，我可以告诉你准确的日期。要把一切都记住很不容易。我的官司也许已经持续了更久，是在我太太去世之后不久开始的，而那已经超过五年半了。”K朝他挪近一点。“所以说，这律师也处理一般的法律事务？”他问。法院跟法学之间的关联在K看来似乎非常牢固。“当然，”商人说，然后轻声对K说，“甚至有人说他在这种法律事务上要比在别种法律事务上更能干。”可是他似乎又后悔自己这么说，把一只手搁在K的肩膀上，说：“拜托你不要去告我的密。”K拍拍他的大腿，要他安心，说：“不会的，我不是告密的人。”“因为他报复心很重。”商人说。“对一个这么忠实的客户他肯定不会怎么样的。”K说。“噢，不见得，”商人说，“他发起脾气的时候才不会管这些差别。再说，其实我对他也并不忠实。”“怎么说呢？”K问。“我该向你透露吗？”商人怀疑地问。“我想你可以这么做。”K说。“好吧，”商人说，“我会向你透露一部分，但是你也得告诉我一个秘密，这样我们在律师面前就可以互相牵制。”“你很小心，”K说，“而我可以告诉你一个秘密，这秘密会让你完全安下心来。那么，你对律师不忠实的地方在哪里呢？”“我……”商人语带犹豫，像是在承认某件不太光彩的事，“除了他以外，我还请了别的律师。”“这并没有那么糟啊。”K说，有一点失望。“对这个律师来说很糟。”商人说，自从他做了这番自白后，他就一直呼吸沉重，但是由于K的评语，他对K有了更多信赖。“这是不被允许的。尤其不允许在一位所谓的合格律师之外再另请不合格的小律师。而我却这么做了，除了他以外，我还请了五个小律师。”“五个！”K喊道，这个数目才令他惊讶，“除了这个律师之外还请了五个律师？”商人点点头：“我还正在跟第六个洽谈。”“可是你怎么会需要这么多律师？”K问。“我全都需要。”商人说。“你不想向我解释一下吗？”K问。“我很乐意，”商人说，“首先，我不想打输我的官司，这是理所当然的。由于这个缘故，凡是可能对我有好处的，我都不能疏忽；就算在某种情况下能得到好处的希望很小，我也不能放弃希望。因此，我把自己拥有的一切都花在这场官司上了。例如，我把所有的钱都从生意里抽出来，从前我的办公室几乎占了一整个楼层，如今只要后排房屋里的一个小房间就够了，我跟一个学徒在那里工作。这种没落当然不能只归咎于我把钱抽走了，而更得要归咎于我被抽走的工作能力。如果你想替自己的官司做点什么，就没办法太去关心别的事。”

“所以说你自己也去法院奔走啰？”K问，“我正想得知关于这方面的一些事。”“在这一方面我能说的很少，”商人说，“起初我也的确试过，但我很快就放弃了。那样做太耗费精力，又没有什么成果。自己去法院奔走和谈判，至少对我来说被证明完全行不通。光是坐在那里等待就够累人的了。你自己也见识过办事处里不流通的空气。”“你怎么会知道我去过那里？”K问。“你从那儿经过的时候，我刚好在等候室里。”“这么巧！”K喊道，完全被吸引住了，也完全忘了这商人先前的可笑，“所以说你看见我了！你在等候室时，我正好从那儿走过。没错，我的确有一次从那儿走过。”“这种巧合没什么大不了的，”商人说，“我几乎天天都在那里。”“现在我可能也得常去了，”K说，“只不过我大概不会受到像上次那样的礼遇了。大家全都站起来，可能以为我是个法官吧。”“不，”商人说，“我们当时是向那个法院工友致意。我们知道你是个被告，这种消息传得很快。”“所以说你当时就已经知道了，”K说，“那么你也许觉得我的举止很傲慢。大家没有谈论这件事吗？”“没有，”商人说，“正好相反。不过那是些蠢话。”“什么样的蠢话？”K问。“你何必问？”商人生气地说，“看来你还并不真正了解那些人，也许是你无法正确理解。你要知道，在这种司法程序中大家会一再谈起许多事，在这些事情上，理智不再派得上用场，因为大家太累了，而且被许多事情分了心，所以就会转而变得迷信。我虽然是在说其他人，但是我自己也好不到哪儿去。举例来说，许多人有一种迷信，认为能从被告的脸看出审判的结果，尤其是嘴唇的形状。

于是这些人声称，从你的嘴唇看来，你肯定很快就会遭到判决。我再重复一遍，这是种可笑的迷信，而且在大多数情况下事实证明这完全是无稽之谈，可是你若生活在那样的人群中，就很难摆脱这种看法。你想想看，这种迷信会产生多么强烈的作用。在那里你曾经跟一个人谈过话，对吧？可是他几乎无法回答你。一个人在那个地方会感到困惑当然有许多原因，可是其中之一就是因为他看到了你的嘴唇。事后他说，他认为从你的嘴唇中也看出了他自己将遭到判决的征兆。”“我的嘴唇？”K问，从口袋里掏出一面小镜子，打量起自己。“我从我的嘴唇看不出什么特别的东西来。你呢？”“我也看不出来，”商人说，“一点也看不出来。”

“这些人是多么迷信啊！”K喊道。“我不就是这么说的吗？”商人说。“难道你们之间有很多往来，还彼此交换意见？”K说，“到目前为止我完全没有参与。”“一般说来，他们之间并没有往来，”那商人说，“不可能往来，毕竟他们人那么多，又没有什么共同的利益。如果在一群人当中偶尔产生了对于共同利益的信念，这信念很快就会被证明是个错误。大家无法一起做些什么来对付法院。每一件案子都单独受到调查，这个法院再谨慎不过。所以大家无法一起做些什么，只有个人偶尔能够在暗中努力，获得一些成果，也只有在获得成果之后，其他人才会得知，没有人知道事情是怎么发生的。也就是说，大家并没有什么共同感，虽然大家偶尔会在等候室里相遇，但是在那儿谈起的事情很少。那些迷信从很久以前就有了，而且几乎还在自动增加。”“我在那儿的等候室里看见那些先生，”K说，“他们的等待在我看来毫无用处。”“等待并非毫无用处，”商人说，“毫无用处的只是自行插手干预。我已经说过，除了这一位律师之外，我目前还有五名律师。别人多半会认为——我自己起初也这么认为——现在我可以把事情完全交给他们。可是那样想就大错特错了。我能够交给他们的事要比我只有一个律师时更少。你大概不懂吧？”

“不，”K说，为了阻止那商人说得太快，按住他的手表示安抚，“我只想拜托你讲慢一点，对我来说，这些事全都非常重要，而我有点跟不上你的速度。”“幸好你提醒了我，”商人说，“毕竟你是个新人，是个年轻人。你的官司有半年了，对吧？没错，我听说了。这么年轻的一桩官司！我却已经把这些事想过不知道多少遍了，对我来说，它们是世界上最理所当然的事。”“你大概很高兴你的官司已经有这么多进展了吧？”K问，他不想直截了当地问那商人的案子情况如何，而他也没有得到明确的回答。“是的，我把我的官司推动了五年之久，”商人说，低下了头，“这个成就不算小。”然后他沉默了一会儿。

K 竖起耳朵，注意听蕾妮是否已经回来了。一方面他不希望她回来，因为他还有许多事想问，而且也不想让蕾妮撞见他跟这商人在贴心地交谈；另一方面他又气她明明知道自己在这儿还在律师那儿待了这么久，端碗汤过去哪需要这么多时间啊！“我还清楚记得，”商人又说起话来，而 K 马上就全神贯注，“当我的官司就跟你的官司一样年轻的时候。那时我只有这个律师，但是对他却不怎么满意。”“从他这儿我可以得知一切。”K 心想，不住点头，仿佛可以借此鼓励那商人把所有值得知道的事都说出来。“我的官司没有进展，”商人继续说，“虽然举行过初审，我也每一场都去了，资料也收集了，还缴交了所有的账册，后来我才知道这根本没有必要。我一再跑去找律师，他也提出了好几份答辩书——”“好几份答辩书？”K 问。“对，当然。”商人说。“这对我来说很重要，”K 说，“在我的案子上，他始终还在撰写第一份答辩书，什么都还没有做。现在我看出他忽略了我，这很可耻。”“答辩书还没有写好，这可能有各种合理的因素，”商人说，“再说，我后来发现那些答辩书毫无价值。

在一位法院公务员的协助下，我甚至亲自读过一份。那答辩书虽然很有学问，但毫无内容。尤其是有许多我看不懂的拉丁文，接着是好几页对法院的一般呼吁，然后是对某几位官员的恭维奉承，虽然没有指名道姓，但是熟悉内情的人想必猜得出来，然后是那律师的自我夸奖，而他简直是卑躬屈膝地在法院面前贬低自己，最后是对从前类似旧案的研究。不过，在我所能理解的范围内，这些研究做得非常仔细。我说这些也不是想要评断这位律师的工作，而且我所读的那份答辩书也只是许多份当中的一份，但是无论如何，当时我看不出我的官司有任何进展，这就是我想说的。”

“你想看见什么样的进展呢?”K 问。“你这样问很有道理，”商人微笑地说，“在这个司法程序中很少看得见进展。可是当时我并不知道。我是个商人，而当时我比现在更像个商人，我想要看得见摸得着的进展，整件事应该要么结束，要么真正进入更高一级的阶段。然而却只有审讯，而审讯的内容大同小异。法院的信差一星期要来好几次，到我店里，我住的地方，或是其他能碰到我的地方，那当然很烦人（在这一点上，至少现在好多了，打电话来比较不那么烦人），而在我的生意朋友之间，尤其是在我的亲戚之间，有关我官司的谣言开始传开，也就是说损害来自四面八方，却没有丝毫迹象显示法院会在近期内进行审理，哪怕只是第一次审理。于是我去找律师，向他抱怨。他虽然说了很多话来解释，却断然拒绝按照我的意思去做，他说没有人能影响审理将于何时举行，在一份答辩书里加以催促——如同我所要求的——是前所未闻的，会毁了我，也毁了他。我心想：这个律师不想做或是做不到的事，会有别的律师想做，也能做到。于是我去找其他律师。我得告诉你说：没有一个律师去过法院要求确定审理我案件的日期，或是针对这件事做过任何努力，此事的确无法做到。不过，还是有一点例外，这我待会儿还会提到。也就是说，就这一点而言，这位律师并没有骗我，但除此之外，我并不后悔去向其他律师求助。关于那些不合格的律师，你大概也已经从胡德博士那儿有所耳闻了，他大概把他们描述得十分可鄙，而他们也的确很可鄙。只不过，每次当他谈起他们，把他自己和他的同行拿来跟他们做比较，他就会犯一个错误，我也想顺便向你指出他的这个错误。为了区别，他总是把他这个圈子里的律师称为‘大律师’。这是错的，当然，每个人都可以自称为‘大’，只要他高兴，可是就这个情况而言，却只能由法院的习惯来决定。因为根据法院的习惯，在不合格的律师之外，还有小律师和大律师。而这位律师跟他的同行只是小律师，大律师的等级要比小律师高得多，两者之间的差别远大于小律师跟那些受人鄙视的不合格律师之间的差别，我只听说过这些大律师，但是从来没见过。”

“大律师？”K问，“他们是些什么人？要怎么找到他们？”“你还从来没听说过他们？”商人说，“几乎每个被告在听说了他们之后都会有一段时间梦想着他们，你最好别受这个引诱。我不知道那些大律师是什么人，而且很可能根本没办法去找他们。我没听说过有哪个案子能够确切地说他们曾经插手。他们是会替某个人辩护，但是这无法通过个人的意志达成，他们只替他们想为之辩护的人辩护。不过，他们所关注的官司想来已经脱离了低等的法院。此外，最好别去想他们，否则你就会觉得跟其他律师的磋商、这些律师的建议和帮助是多么令人厌恶而且毫无用处。我自己就曾经巴不得把一切都抛开，在家里躺在床上，什么都不听。可是真要那样做却又是再愚蠢不过，而且就算躺在床上也平静不了多久。”“所以当时你并没有去想那些大律师？”K问。“没有想多久，”商人说，又露出微笑，“只可惜没法完全忘记他们，尤其是在夜里。不过，当时我想要的是立即的成果，所以我去找那些不合格的律师。”

“你们两个坐得够近的啊！”蕾妮喊道，她端着盘子回来，在门里停住脚步。他们的确坐得很靠近，只要稍微转个身，两人的头部就会相撞，那个商人不仅个子矮，还把背驼着，迫使K也得深深弯下身子，如果他想听到一切的话。“再等一下，”K不耐烦地朝蕾妮喊，没有耐性地抖动他还一直搁在那商人手上的手。“他要我把我的官司说给他听。”商人对蕾妮说。“说吧，尽管说吧。”她说。她对那商人说话很温柔，却仍旧带着施恩的意味，K不喜欢这样。此刻他看出这个人毕竟还是有点价值，至少他有经验，而且善于叙述这些经验。蕾妮对他的看法可能并不正确。令K生气的是，蕾妮拿走了商人一直拿着的蜡烛，她用围裙替他擦手，还蹲下来把滴在他长裤上的一些蜡刮掉。“你刚才想跟我说那些不合格律师的事。”K说着，径自把蕾妮的手推开。“你这是干嘛？”蕾妮问，轻轻打了K一下，继续她刚才做的事。“对，那些不合格的律师。”商人说，拂了一下额头，仿佛在思索。K想帮助他回想，便说：“你当时想要立即的成果，所以去找那些不合格的律师。”“没错。”商人说，却没有再往下说。“也许他不想在蕾妮面前谈这件事。”K心想，按捺住想立刻听取下文的不耐，没有再去催他。

“你替我通报了吗？”他问蕾妮。“当然，”她说，“他在等你。现在别管布罗克了，你晚一点还可以跟布罗克说话，反正他会留在这里。”K犹豫不决。“你会留在这里吗？”他问那商人，想听他自己回答，不想让蕾妮提起那商人就像在谈起一个不在场的人，今天他对蕾妮充满了莫名的怨气。然而听到的又是只有蕾妮回答：“他常常睡在这里。”“睡在这里？”K喊道，他本来以为这商人只是在这里等他，等他迅速结束跟律师的会谈后，他们就可以一起离开，不受打扰地把一切谈个彻底。“对，”蕾妮说，“约瑟夫，不是每个人都跟你一样，可以随时去见律师。你似乎根本不觉得奇怪，尽管律师生病了，却还在晚上十一点接见你。你实在把你朋友为你做的事看得太理所当然了。你的朋友很乐意这么做，至少我很乐意。我不想要别的感谢，也不需要别的感谢，只要你喜欢我就好。”“喜欢你？”乍听之下K在心里琢磨，然后脑子里才闪过：“没错，我是喜欢她。”尽管如此，他没有理会她说的话，说道：“他接见我，是因为我是他的当事人。如果连这都还需要别人帮忙，岂不是每走一步都得乞求和感谢了。”“他今天真坏，对吧？”蕾妮问那商人。

“现在换成把我当成不在场的人了。”K心想，几乎也生起那商人的气，因为这人也和蕾妮一样无礼地说道：“律师接见他也还有别的理由，因为他的案子比我的有趣。另外，他的官司才刚开始，所以大概还不算无可挽救，律师还很乐意关心他。以后情况就会不同了。”“是啰，是啰。”蕾妮说，笑着看着那商人。“他真会胡说！”她转而对K说，“你其实根本不能相信他。他虽然人很好，却喜欢胡说八道。也许就是因为这样律师才受不了他，至少，他只有在心情好的时候才肯接见他。我花了很多工夫想改变这一点，但却无能为力。你想想看，有时候我去通报布罗克来了，而律师直到三天后才接见他。而布罗克要是在他被喊到的时候不在这里，那就全完了，一切又得重新再来。所以我才允许布罗克睡在这里，毕竟律师也曾经在夜里按铃叫过他，如今布罗克夜里也在待命。只不过，如果发现布罗克确实在这儿，律师偶尔又会拒绝见他。”K用询问的眼神朝那商人望过去。那人点点头，也许是由于羞愧而分了心，又恢复了先前和K谈话时的坦率，说道：“是的，到后来你会非常依赖你的律师。”“他抱怨只是做做样子，”蕾妮说，“他已经好几次向我坦承他很乐意睡在这里。”

她走向一扇小门，把门推开。“你想看看他的卧室吗？”K走过去，从门槛上望进那个没有窗户的低矮空间，一张窄窄的床就把那里给塞满了。要爬上这张床得越过床柱，床头的墙上有一块凹进去的地方，一丝不苟地放着蜡烛、墨水瓶和笔、还有一叠纸，也许是跟官司有关的文件。“你睡在女佣房里？”K问，转过头去面对那商人。“蕾妮把这个房间让给了我，”商人回答，“这个房间有很多优点。”K凝视他良久，也许他对这个商人的第一印象终究还是正确的。此人的确有经验，因为他的官司已经打了很久了，但是为了这些经验，他付出了很高的代价。顿时K再也不想看到这个商人了。“带他上床去吧。”他向蕾妮喊，而她似乎完全不懂他的意思。K想到律师那儿去，借由解聘，来摆脱律师，也摆脱蕾妮和这个商人。然而他尚未走到门边，商人小声地喊他：“经理先生。”K带着生气的表情转过身来。“你忘了你的承诺了，”商人说着，从他的座位上央求地向K探过身来，“你还要告诉我一件秘密。”“的确，”K说，也瞄了蕾妮一眼，她专注地看着他，“那么你听好了：不过这几乎已经不再是秘密了。我现在要去律师那儿去把他解聘。”“他要解聘他，”商人喊道，从椅子上跳起来，双手高举，在厨房里跑来跑去，一再喊道，“他要把这个律师解聘。”蕾妮想立刻冲到K身边，但那商人挡住了她的路，于是她用拳头打了他一下，然后攥起拳头跟在K后面跑。可是K领先了很多，蕾妮追上他时，他已经进了律师的房间。他几乎就要把门关上时，蕾妮用脚抵住了门，抓住他的手臂，想把他拉回去。然而他紧捏着她的手腕关节，令她叹了一口气，不得不放开他。她一时不敢踏进房间里，而K用钥匙锁上了门。

“我等你已经等了很久了。”律师在床上说，把他就着烛光阅读的一份文件放在床头几上，戴上眼镜，锐利地看着K。K并没有道歉，反而说：“我很快就要走了。”因为K所说的话并非道歉，律师不予理会，说道：“下一次我不会再让你这么晚来见我了。”“这正合我意。”K说。律师用询问的眼神看着他，说：“你坐下吧。”“既然你这么希望。”K说着，把一张椅子拉到床头几旁，坐了下来。

“你好像把门锁上了。”律师说。“是的，”K说，“是因为蕾妮的关系。”他不打算维护任何人。律师问道：“她太缠人了吗？”“缠人？”K问。“对，”律师笑着说，突然咳了起来，等到咳完了又开始笑。“你总该已经察觉到她很缠人了吧？”他问，拍拍K的手，K心不在焉地把手撑在床头几上，此时迅速抽了回来。“你并不怎么看重这件事，”律师说，见K沉默不语，“这样更好，否则我也许还得向你道歉。这是蕾妮的一个怪癖，顺带一提，我早已原谅了她的这个怪癖，如果不是你刚才把门锁上，我也不会提起。这个怪癖，当然，你大概根本不需要我来向你解释，可是你这样诧异地看着我，所以我还是解释一下，这个怪癖在于蕾妮觉得大多数的被告都很美。她每一个都依恋，都爱，似乎也被每一个所爱。为了替我解闷，有时候她也会跟我说起，如果我允许她说的话。对于这整件事我并不像你这么诧异。如果你眼光不错的话，的确常常会觉得被告很可爱。不过这是个奇怪的现象，在某种程度上，是种自然规律。当然，被控告并不会对外貌造成明显的一眼可以看出的改变。毕竟这不同于涉及其他法律事务，大多数的被告仍旧维持平常的生活方式，如果有个关心他们的好律师，这官司不会对他们造成太多妨碍。尽管如此，有经验的人能够在一大群人当中把那些被告一个一个地认出来。怎么认的？你会问，而我的回答不会令你满意。那些被告正好就是那群人当中最美的。让他们美丽的不可能是罪过，因为——至少身为律师我得这么说——并非所有的被告都有罪过，让他们美丽的也不可能是将来的处罚，因为并非所有的被告都会受到处罚，所以原因只可能在于针对他们而进行的司法程序以某种方式附着在他们身上。当然，在那些美丽的人当中还有特别美的。但他们全都很美，就连布罗克也一样，这个可怜虫。”

当律师说完，K完全冷静下来，甚至在他说最后几句话时大大点头，以这种方式向自己证实他原有的想法，亦即这律师总是用文不对题的泛泛之论来令他分心，这一次也一样，想把他的注意力从主要问题转移开来，亦即针对K的官司他到底做了多少实际的工作。律师大概察觉了这一次K比平常更加抗拒，因为此刻他不再作声，想给K说话的机会，由于K还是不吭声，他便问道："今天你来找我是有一个特定的目的?""是的，"K说着，用手微微遮住烛光，好把律师看清楚一点，"我是想告诉你，从今天开始我撤回对你的委托。""我没有听错吧。"律师问，在床上半坐起来，一只手撑在枕头上。"我想是的。"K说，他直挺挺地坐着，像是要伺机而动。"那我们也可以谈谈这个计划。"过了一会儿律师说。"这已经不再是个计划了。"K说。"有可能，"律师说，"尽管如此，我们还是不要操之过急。"他用了"我们"这个字眼，仿佛他无意放K走，仿佛他至少还想继续当K的顾问，就算不能当他的代理人。

"没有什么事操之过急，"K说着，慢慢站起来，走到他的椅子后面，"这件事我好好考虑过，可能考虑得有些太久了。这个决定已成定局。""那么请容许我再说几句话。"律师说着，掀开了羽绒被，坐在床沿上，长着白色毛发的赤裸双腿由于寒冷而颤抖。他请K从长沙发上拿条毯子给他。K把毯子拿来，说："你让自己受凉了，这实在没有必要。”“这个理由够重要了。”律师说，一边用羽绒被把上半身裹住，再把腿包在毯子里。“你叔叔是我朋友，而这段时间以来，我也渐渐喜欢上你。这一点我坦白承认，我不需要为此感到羞愧。”K十分不乐意听见老人这番感伤的话，因为这迫使他得要详加解释，而他本来很想避免去做解释，此外，他也坦承这番话令他感到迷惑，虽然也绝对无法让他打消他的念头。“谢谢你的好意，”K说，“我也承认你已经尽你所能地来关心我的事，按照你认为对我有利的方式。然而，近来我渐渐相信这并不足够。你比我年长许多，也更有经验，我当然不会尝试说服你同意我的看法，如果有时候我忍不住想这么做，那么请你原谅。可是如同你自己所说，这件事如此重要，我相信，应该采取比到目前为止更强有力的措施来干预这桩官司。”“我了解你，”律师说，“你没有耐性。”

“我不是没有耐性，”K说，他有一点火大，不再那么注意自己的措辞，“从我第一次来访，当我跟我叔叔到你这儿来，你大概就注意到我不太在乎这桩官司。如果不是别人在某种程度上硬要让我想起它，我就会把它完全忘掉。可是我叔叔坚持要我委托你来代理我，而我这么做是为了让他高兴。在这种情况下，别人应该会以为我会把这官司看得更容易，因为委托律师代理是为了稍微卸下官司的负担。可是事情却正好相反。自从你开始代理我，我反而比以前更加为了这官司而担心。当我独自面对这官司的时候，我什么也没做，但我几乎毫无忧虑；而如今我有了代理人，一切都已具备，只等着某件事发生，我不断等待你的干预，越来越急切，你却什么都没做。当然，我从你这里得到各种关于法院的消息，也许从其他任何人那儿都无法得到，但是这对我来说不够，如今这桩官司越来越逼近我，简直是在偷偷地逼近。”K 把椅子从身前推开，站得直挺挺的，双手插在外套口袋里。“在实务上，从某个时刻开始，”律师平静地小声说，“基本上就不会再有什么新的事情发生了。有多少当事人在官司的类似阶段像你一样站在我面前，说了类似的话。”“那么，”K 说，“所有这些当事人就跟我一样是对的。这根本驳斥不了我。”“我说这话并非要驳斥你，”律师说，“但我还想要说，我本来期望你会比其他人更有判断力，尤其是与其他当事人相比，我让你对法院和我的工作有了更多的了解。而现在我看到的却是，尽管这样，你对我还是缺乏足够的信赖。你让我很为难。”

律师在 K 面前是多么低声下气！丝毫不顾及自己的

地位尊严，在这件事上，这尊严肯定是最为敏感的。而他为什么这么做呢？他看来是个业务繁忙的律师，也是个有钱人，他既不可能在乎失去收入，也不可能在乎失去一个客户。再说他身体不好，其实本就应该考虑减少工作。尽管如此，他还是紧拉着K不放？为什么？是由于他对叔叔的关心吗？还是他真的认为K的官司极不寻常，希望能在其中表现优异，不管是为了K，还是——此一可能性也绝不能排除——为了他在法院的那些朋友？从律师身上什么也看不出来，就算K毫无顾忌地打量着他也一样。几乎可以肯定他是故意不动声色，等待他的话在K身上产生作用。

但他显然把K的沉默解读为对自己大为有利，因此继续往下说："你大概注意到了，我虽然有间很大的事务所，却没有雇用助手。从前情况不同，曾经有几个学法律的年轻人替我工作，如今我独自工作。部分原因在于我的业务改变了，因为我渐渐局限于像你的官司这一类的诉讼案件中，另外部分原因则在于我从这些诉讼案件中得到的深刻认知。我自觉不能把这份工作交给任何人来做，如果我不想辜负我的当事人和我所接下的任务。可是，决定自己来做所有的工作，自然而然导致的结果是：我几乎必须拒绝所有委托我代理的请求，只能勉强接受那些让我特别在意的请求——有很多可怜的律师，甚至就在这附近，对于我所拒绝的任何小案子都会一拥而上。而且我也因为过度劳累而生病了。尽管如此，我并不后悔自己所做的决定，也许我其实应该拒绝更多的委托，但是我对自己所接下的官司全心投入，事实证明这是绝对必要的，而且也收到了成果。我曾经在一篇文章里读到代表一般的法律诉讼与代表这类法律诉讼之间的差别，那篇文章说得很好：前一种律师用一条纱线牵着他的当事人，直到判决；后一种律师则立刻把当事人扛在肩上，扛着他直到判决，而且在那之后也不会把他放下。事情正是如此。不过，当我说我从来没有为这沉重的工作感到后悔，其实并不完全正确。当有人像你一样，完全错看了我的工作，那么，嗯，那么我就几乎感到后悔。”

这番话并没有说服 K，反而让他不耐烦。他觉得从律师的口气里听得出来，假如他让步的话，等着他的会是什么：律师会再度说起那些敷衍的空话，暗示答辩书已有进展，暗示法院官员情绪好转，但也会暗示此一工作所面临的重大困难——简而言之，K 已经听腻的一切又会被再度提出，目的在于用不确定的希望来欺骗 K，用不确定的威胁来折磨他。必须彻底阻止这一切，于是他说："如果我继续请你做我的代理人，针对我的官司你想做些什么？"那律师甚至连这个侮辱人的问题也忍受了，答道："继续去做我已经为你所做的事。""我就知道，"K说，"现在再说什么都是多余的。""我还想再做一次努力。"律师说，仿佛有问题的是K而不是他自己。"因为我想你是被误导了，不仅对我提供的法律协助做出错误的判断，也造成你的其他行为出现问题，被误导的原因是，虽然你是被告，但他们待你太好了。或者说得更准确一点，是他们待你太过马虎，这是表面上的马虎。最后这一点也是有原因的，戴上镣铐往往胜过自由之身。不过，我倒想让你看看，其他被告受到的是什么样的待遇，也许能让你从中得到教训。现在我要把布罗克叫来，你去把门锁打开，然后坐在这张床头几旁边。""好的。"K说，然后照律师所要求的做了，他随时乐于学习。不过，为了保障自己，他还问道："可是你已经知道我撤销了我对你的委托？""是的，"律师说，"不过，在今天之内你还可以取消这件事。"他又躺回床上，把羽绒被直拉到下巴，转身面向着墙，然后他才按铃。

几乎铃声一响，蕾妮就出现了，她迅速看了几眼，设法得知先前发生的事，K平静地坐在律师床边，这令她心安一些。她微笑地向K点点头，K直视着她。"把布罗克带来。”律师说。但她没有去带他，只是走到门前，喊道：“布罗克！来见律师！”然后溜到K所坐的椅子背后，也许是因为律师仍然转过身子面对墙壁，没注意她。从这时候起，她就开始烦他，从椅背上弯下身子，或是用手梳弄他的头发，抚摸他的脸颊，不过很温柔，也很小心。最后K想要设法阻止她，抓住了她的一只手，她略作抗拒之后就由着他了。

布罗克听到呼叫就立刻来了，但是在门前站住，似乎在考虑是否该进来。他抬高了眉毛，把头歪向一边，像是在倾听叫他来见律师的那声命令是否会再重复一次。K其实可以鼓励他进来，但是他不仅打算跟律师彻底断绝关系，也打算跟这间寓所里的一切彻底断绝关系，因此一动也不动。蕾妮也不说话。布罗克察觉至少没人赶他走，踮着脚尖走进来，神情紧张，双手在背后抽搐。他让门继续开着，以便随时可以出去。他根本没有去看K，始终只看着那隆起的羽绒被，由于律师把自己挪到靠墙很近的地方，根本看不见被子底下的他。但此时他的声音响起：“布罗克来了吗？”他问。布罗克已经朝前走近了一大段，这句问话简直是先给他当胸一推，又从背后一推，他一个踉跄，站定了脚步，深深弯着腰，说：“任凭吩咐。”“你来干嘛？”律师问，“你来得不是时候。”“我不是被叫来的吗？”布罗克问，不像是问律师，而像是在问自己，他把双手举在面前做为保护，准备跑掉。“你是被叫来的，”律师说，“尽管如此，你还是来得不是时候。”停顿了一会儿之后，他又加了一句：“你总是来得不是时候。”

自从律师开始说话，布罗克不再望向那张床，而是凝视着某个角落，竖耳倾听，仿佛说话者的样子令人目眩，非他所能承受。然而就连倾听也很困难，因为律师对着墙壁说话，而且又快又小声。“你们想要我走开吗？”布罗克问。“既然你已经在这里了，”律师说，“留下！”别人可能会以为律师并非要满足布罗克的愿望，而是威胁要揍他，因为布罗克真的开始发抖了。

“昨天，”律师说，“我到第三位法官那儿去，他是我的朋友，而我逐渐把话题转移到你身上。你想知道他说了什么吗？”“噢，请说。”布罗克说。由于律师没有立刻回答，布罗克又重复了他的请求，弯下身子，像是要跪下。K 却训斥他，喊道：“你在干嘛？”由于蕾妮想要阻止他叫喊，他把她的另一只手也抓住了。那紧握并非出于爱，她也几度叹气，想把手从他手中抽出来。然而由于 K 的叫喊，布罗克却受到了惩罚，因为律师问他：“你的律师是谁？”“是你。”布罗克说。“除了我呢？”律师问。“除了你没有别人。”布罗克说。“那就不要跟随其他任何人。”律师说。布罗克完全认同这一点，用凶狠的眼神打量 K，并且对着他猛摇头。假如把这副举止翻译成言语，就会是粗鲁的辱骂。K 本来还想跟这个人好好谈论自己的官司！“我不会再干扰你，”K 说着，向后靠坐在椅子上，“你要跪下来，还是四肢着地在地上爬，都随便你，我都不再管了。”

但布罗克终究还是有荣誉心的，至少是在 K 面前，因为他挥着拳头，朝 K 走去，用他在律师附近所敢用的最大音量喊道：“你不准这样跟我说话，这是不被允许的。你为什么侮辱我？而且还是在律师先生面前？在他面前，你和我都只是由于他的怜悯而被容忍。你并没有比我更好，因为你也被控告了，而且也有一桩官司。尽管如此，如果你仍旧是位绅士，那么我也同样是位绅士，哪怕没有比你更高贵。而我也希望别人——尤其是你——跟我说话时把我当成一位绅士。可是如果你认为自己受到优待，因为你可以轻松地坐在这里，轻松地聆听，而我却如同你所说的四肢着地在地上爬，那么我要用一句古老的法律谚语来提醒你：对于嫌犯来说，活动要胜过静止不动，因为停下不动就可能不知不觉地置身于天平的秤盘上，和他的罪孽一起被衡量。”

K没有说话，只是目不转睛地瞪着这个糊涂人。在过去这一个小时里，在他身上产生了多大的改变！是那桩官司让他昏了头，看不出谁是朋友谁是敌人？难道他没看出那律师是故意侮辱他，而且这一次没有别的目的，只是为了在K面前夸耀自己的权力，或许借此也能让K屈服？可是，如果布罗克没有能力看出这一点，或是过于害怕这律师，乃至于就算看出也没有用，那么他又怎么可能那么狡猾，或是那么大胆，去欺骗这律师，瞒着他另外找了其他律师替他工作？而他又怎么胆敢攻击K，既然K可能会马上泄露他的秘密？

可是他敢做的事还不仅如此，他走到律师床边，开始也在那儿抱怨起K来："律师先生，"他说："你听见这个人是怎么跟我说话的。他的官司还可以用小时来计算，就已经想要好好教训我这个已经打了五年官司的人。他甚至还辱骂我，什么也不知道就辱骂我，而在我微薄的力量所能及的范围内，我却是仔细地研究过礼节、义务和法律习惯有哪些规矩。""不要去管任何人，"律师说，"做你觉得正确的事。""当然。"布罗克说，仿佛是在给自己打气，匆匆往旁边一瞥，在床边跪了下来。"我已经跪下了，律师。"他说，但律师没说话。布罗克用一只手小心地抚摸那床羽绒被。在此刻的寂静中，蕾妮挣脱了K的手，说：“你弄痛我了。放开我，我要到布罗克那儿去。”她走过去，在床缘坐下。对于她的到来布罗克非常高兴，他立刻用无声的生动手势央求她在律师那儿替他说说话。他显然迫切需要律师带来的消息，但可能只是为了让他的另外几个律师来利用这些消息。蕾妮大概很清楚该如何套出律师的话，她指指律师的手，撅起嘴唇，像要亲吻一样。布罗克立刻执行了这个吻手的指令，并且在蕾妮的敦促下又重复了两次，但律师仍旧沉默不语。此时蕾妮朝律师弯下身子，当她这样伸展身体时，可清楚看见她美好的身材，她朝他的脸深深低下头，抚摸他长长的白发，终于迫使他做出回答。

“我在犹豫该不该告诉他这个消息。”律师说，看得出他稍微摇了摇头，也许是想多享受一会蕾妮抚摸他头部的手。布罗克低头倾听，仿佛这倾听使他触犯了诫律。“你为什么犹豫呢？”蕾妮问。K觉得自己像是在听一段排练过的对话，已经重复过许多次，还会再重复许多次，而这段对话只有对布罗克来说不会失去新意。“他今天表现如何？”律师没有回答，反而问道。蕾妮在表示意见之前，先低头向布罗克望去，观察了他好一会儿，看到他向她举起双手，央求地搓着手。最后她严肃地点点头，转身向律师说：“他既安静，又勤奋。”

一个老商人，一个留着长胡子的男人，乞求一个年轻女孩为他说句好话。在旁人眼中，哪怕他有什么难言之隐，也无法替自己辩解。他简直侮辱了旁观者的人格。K不明白，那律师怎会以为能通过这样一场表演来争取到他。假如他不是先前就已经把K吓跑了，那么借由这一幕他也就办到了。所以，这就是这律师的手段，幸好K并没有忍受太久。到最后，当事人忘了整个世界，只希望能在这条歧路上挣扎着走向官司的尽头。那不再是当事人，而是律师的狗。假如律师命令此人爬到床下就像爬进一个狗屋，然后在那儿学狗叫，此人也会高高兴兴地去做的。K审慎地聆听着，仿佛受命把在这儿所说的一切都清楚地记下来，向上级机关检举并作出汇报。“他一整天都做了些什么？”律师问。“为了不让他妨碍我工作，”蕾妮说，“我把他关在女佣房里，那也是他平常待的地方。从小窗里我可以不时去看看他在做什么。他一直跪在床上，把你借给他的那些文件在窗台上摊开来阅读。这给了我一个好印象，因为那扇窗户只通往一个通风井，几乎没有光线。尽管如此，布罗克还是在阅读，这显示出他有多么听话。”“听你这样说我很高兴，”律师说，“可是他有用心去读吗？”在这番对话进行时，布罗克不停地动着嘴唇，显然是在表达他希望蕾妮做出的回答。

“关于这一点，”蕾妮说，“我当然没办法确切地回答。不过，我看见他读得很仔细。他一整天都在读同一页，而且在阅读时用手指划过每一行。每次我朝他看过去，他都在叹气，好像读得很吃力。你借给他的那些文件大概很不容易理解。”“对，”律师说，“的确如此，我也不认为他读得懂。那些文件只是想给他一点概念，让他知道我为了替他辩护所做的努力有多么艰难。而我做这番艰难的努力是为了谁呢？为了——说出来简直可笑——布罗克。他也应该学习理解这代表什么意义。他研读的时候没有中断吗？”“几乎没有中断，”蕾妮回答，“只有一次他请我拿水给他喝。我从小窗子里递了一杯水给他。八点钟的时候我放他出来，给了他一点东西吃。”布罗克朝K瞥了一眼，仿佛蕾妮是在夸奖他，想必也会让K印象深刻。此时他似乎满怀希望，动作比较放得开，跪在那里摇来摇去，这和他在听到律师接下来所说的话后顿时僵住，形成强烈的对比。

“你夸奖他，”律师说，“正因为这样，我很难说下去。因为法官所说的话，对布罗克本身和他的官司都不太有利。”“不太有利？”蕾妮问，“这怎么可能呢？”布罗克以紧张的目光看着她，仿佛相信她此刻还有能力把法官早就说出口的话再扭转成对他有利的。“不太有利，”

律师说，“我谈起布罗克甚至让法官不愉快。‘不要谈布罗克的事。’他说。‘他是我的当事人。’我说。‘你让别人利用你。’他说。‘我认为他的官司还没有输。’我说。‘你让别人利用你。’他又重复了一次。‘我不相信，’我说，‘布罗克在官司上很勤劳，而且总是在追踪他的案子。为了能时时得到最新的消息，他几乎住在我那儿。不是每个人都这样勤奋。当然，他这个人不讨人喜欢，举止低俗，而且肮脏，但是从官司的角度来看，他无可指责。’我说无可指责是故意夸大其词。听了这话，他说：‘布罗克只是狡猾。他累积了很多经验，懂得拖延官司，但是他的无知还要远胜过他的狡猾。假如他得知他的审判还根本没有开始，假如有人告诉他，就连审判开始时的摇铃声都还没有出现，他会怎么说呢？’安静，布罗克。”律师说，因为布罗克正想抬起他不稳的膝盖站起来，显然想请律师说明。此刻律师头一次直接对着布罗克说了比较多的话，他疲倦的眼睛半是漫无目标地望出去，半是朝下望着布罗克，此人在这道目光下再度缓缓跪下。

“法官这番话对你根本没有意义，”律师说，“不要一听到什么就被吓到。你要是再这样，那我就根本什么都不会再向你透露了。别人一句话才起了头，你就用那种眼神看着他，仿佛对方要宣布你的最终判决似的。在我的当事人面前你该感到惭愧！而且你也动摇了他对我的信赖。你还想要怎么样呢？你还活着，还在我的保护之下。害怕毫无意义！你大概在哪里读到过，说在某些情况下，最终判决会出乎意料地受到随便某个人讲过的一句话的影响。这固然是真的——虽然有许多限制条件，但你的恐惧令我厌恶，让我看出你缺少应有的信赖，这也是真的。我究竟说了什么？我只是重述了一位法官所说的话。要知道，针对司法程序累积了各种不同的观点，到了无法看透的地步。例如，对这个司法程序开始的时间点，这位法官跟我有不同的认识。这只是意见不同而已，没什么大不了的。根据古老的习俗，在官司的某个阶段会发出一个摇铃的信号。按照这位法官的看法，审判随着这个信号展开。现在我无法把所有反对此一看法的理由都告诉你，反正你也不会懂，你只要知道反对此一说法的理由很多，就够了。”布罗克尴尬地用手指去抚平床前那块小地毯上的毛，法官的话所引起的恐惧让他暂时忘了自己面对律师时的卑屈，他只想着自己，把法官的话翻来覆去地琢磨。“布罗克，”蕾妮用警告的语气说，然后拉着他的外套领子，把他稍微提了起来，“别再去弄那些毛了，好好听律师说话。”

在大教堂

K 接到任务，要带跟银行有生意往来的一个意大利人去参观几个艺术古迹，那人对银行来说很重要，而且是第一次在这座城市逗留。换做是别的时候，K 肯定会认为这件任务是份荣耀，然而，如今他却是不情愿地接受了，因为他需要尽心竭力维持他在银行里的声望。他不在办公室的每一个小时都令他忧虑，虽然他远远无法再像从前一样善加利用办公时间，有些时候他只是勉强做出在工作的假象，但是当他不在办公室时，他的担忧却更大。他仿佛看见总是在暗中窥伺的副行长不时到他办公室来，坐在他的办公桌前，翻遍他的文件，接待多年以来跟 K 几乎成了朋友的客户，抢走他们，甚至还会发现 K 的错误。如今 K 在工作时总是看见错误从千百个方向逼近，再也避免不了。因此，他若是奉命出差，甚至是短程出差——这类任务最近恰恰很多——即使是让他出风头的差事，他也不免会猜测别人是想让他暂时离开办公室，趁机检查他的工作，或者至少是别人认为办公室里少了他也无所谓。大多数的这类任务他本来可以轻易地加以拒绝，可是他又不敢，因为只要他的担忧有一丝合理，那么拒绝任务就等于他承认自己的恐惧。基于这个理由，他看似冷静地接受了这些任务。当他得辛苦地出差两天时，他甚至隐瞒了自己患了重感冒，以免别人以当时正值多雨的秋天为由，阻止他去出差。当他在这趟出差后带着剧烈的头痛回来，他得知自己被指定在次日陪伴那位意大利籍的生意伙伴。他很想至少拒绝这一次，尤其是这回别人想要他去做的事并非直接与银行业务有关。履行这种对生意伙伴的社交义务，就其本身而言无疑很重要，只不过对 K 来说并不重要，他很清楚他只能通过工作上的成功来维持地位，很清楚自己如果做不到这一点，那么就算他能出乎意料地迷住这个意大利人也毫无价值。他连一天也不想被推离工作的领域，因为他过于恐惧将再也回不来，他很明白这种恐惧过于夸张，但此一恐惧却仍旧令他难以呼吸。然而，在这件事情上，几乎不可能编出一个能被接受的借口。虽然 K 只略懂意大利文，但毕竟还是够用，更重要的是 K 具有一些艺术史方面的知识，这件事在银行里人尽皆知，因为 K 曾经是这座城市艺术古迹保存协会的成员，虽然也只是由于业务的关系。由于传言说这个意大利人爱好艺术，因此选择由 K 来陪他自然是顺理成章。

那天早晨刮大风下大雨，K 在七点钟就已经来到办公室，对于即将展开的这一天满腹怒气，希望在那个访客害他什么也不能做之前，至少先做完一些工作。他很疲倦，因为他花了大半夜来研究一本意大利文文法，为了稍做准备。此时那扇窗户要比办公桌更吸引他——最近他经常坐在那扇窗旁边——但是他抗拒了这个诱惑，坐下来工作。可惜工友这时走进来，通报说行长派他来看看经理先生是否已经在这儿了，如果他在这儿，那就麻烦他到接待室去一下，来自意大利的那位先生已经到了。“我这就过去。”K说着，把一本小字典塞进口袋，再把一本城中名胜的相册塞在手臂下，那是他替这位外国人准备的，然后穿过副行长的办公室走进行长办公室。他很庆幸自己这么早就到办公室来，得以立刻听候差遣，这一点大概谁都没有料到。副行长的办公室自然还没有人，就像在深夜一样，很可能那工友也奉命召唤他到接待室去，但却徒劳无功。

当K走进接待室，那两位先生从深深的靠背椅里站起来。行长露出亲切的微笑，显然很高兴K来了，立刻进行介绍，那个意大利人用力地跟K握手，笑着说某个人起得很早，K不太确定他指的是谁，而且他用的是个特别的字眼，过了好一会儿，K才猜出那个字的意思。他用几句场面话来回答，那意大利人也笑着接受了，好几次紧张地伸手拂过他浓密的灰色胡须。这胡子显然洒过香水，让人几乎想要走近去闻。等到大家都坐下来，开始寒暄，K很尴尬地发现他只能片片段段地听懂那意大利人说的话。如果他慢慢地说，K几乎可以完全听懂，然而这种情形是例外，大多数时候，话语简直是滔滔不绝地从他嘴里吐出，他摇头晃脑，像是乐在其中。可是在这样说话时，他一再改用某种方言，对K来说，这方言跟意大利文已经毫无关系，但行长不但听得懂，而且还会说。不过，这一点K其实早该料到，因为这个意大利人来自意大利南部，而行长也在那里待过几年。总之，K看出自己跟那个意大利人听懂彼此说话的可能性已经大幅降低，因为那人的法文也很难听懂，而且他的胡子遮住了嘴唇的动作，否则见到他的唇形或许能有助于了解。

K开始预见到许多困难，暂时放弃了想去听懂那意大利人所说的话——行长很容易就能听懂他说的话，当着行长的面，没有必要多费力气——K只是闷闷不乐地打量那人，看他深深地坐在靠背椅中，一派轻松，看他好几次去拉他那件剪裁利落的短外套，看他有一次举起双臂，用关节灵活的双手动来动去，努力描述某件K无法领会的事物，尽管K倾身向前，不让那双手离开视线。

K无所事事，只是机械性地用目光跟随那一来一往的谈话，最后，先前的疲倦在K身上产生了作用，他突然发现自己正心不在焉地想要站起来，转身走开，这把他吓了一跳，幸好他及时发现。终于那意大利人看看时钟，跳了起来，向行长告辞之后，他挤到K身边来，而且靠得那么近，使得K不得不把他的椅子往后推，才得以移动。行长肯定从K的眼中看出了他面对这个意大利人时所处的困境，插进话来，行长的话十分聪明，十分体贴，看起来好像他只是提出几个小建议，事实上他扼要地让K明白那个意大利人不停打断他而说出的话。

K从行长那儿得知，这个意大利人还得先去办几件事，说可惜他时间有限，说他也绝对无意走马观花地把所有的名胜古迹都走遍，说他其实只打算去参观大教堂，但是会仔仔细细地参观，当然只有在K同意的情况下他才会这么做，一切由K决定。说他很高兴能在一个既有学问又亲切的人陪同下进行这次参观——他指的是K，但K只忙着迅速理解行长所说的话，并没有去听那意大利人说话——如果时间对K来说方便的话，请他在两个小时后，大约在十点钟抵达大教堂，他自己希望能在这个时间到那儿。K应了几句话，那个意大利人先跟行长握手，再跟K握手，然后又跟行长握了一次手，在两人的陪同下朝着门走去，还向他们半转过身来，仍旧没有停止说话。之后 K 还留在行长身边一会儿，行长今天看起来气色特别差，自觉似乎有必要跟 K 道歉，于是说——他们亲密地站得很靠近——本来他打算自己陪那个意大利人去，可是后来——他没有细说原因——他决定还是派 K 去。如果 K 一开始听不懂那个意大利人说话，也不必惊慌，他很快就能听懂，而就算他根本听不懂多少，也没有关系，因为那个意大利人其实并不太在意别人有没有听懂他说的话。此外，K 的意大利文说得出人意料地好，肯定能把这件事做得很出色。说完这话，行长就跟 K 告别了。

K 用仅剩的时间把参观大教堂所需要的词汇从字典里查出后抄下来，这工作极端令人厌烦。工友把邮件送进来，职员带着各种问题过来，看见 K 还忙着，就在门边停住脚步，但在 K 没有听他们把话说完之前又不想离开。副行长也不放过打搅 K 的机会，好几次进来，把那本字典从他手里拿过去，漫无目的地在里面翻着。当门被打开，就连客户都隐隐出现在接待室中，他们犹豫地弯身鞠躬，想让别人注意到他们，但对自己是否被看见了又心中无数——这一切都在围绕着 K 转动，仿佛他是这一切的中心。K 自己则把他所需要的词汇列出来，从字典里查出之后再抄下来，然后练习其发音，最后再试着把这些词背起来。然而，他从前的好记性似乎完全弃他而去，有时候他实在气那个意大利人害他如此辛劳，便把字典埋在文件下，打定主意不再做准备，可是随后他又想到自己总不能无言地跟那个意大利人在大教堂的艺术品前走来走去，便怀着更大的怒气再把那本字典抽出来。

九点半他正打算走，来了一通电话，蕾妮向他道早安，问他可好，K 匆匆地道谢，表示自己此刻无法跟她谈话，因为他得到大教堂去。“到大教堂去?”蕾妮问。“是的，去大教堂。”“为什么要去大教堂?”蕾妮问。K 设法简短地向她说明，但是他才起了个头，蕾妮突然说：“他们在追捕你。”K 无法承受他没有挑起也不曾期待的同情，三言两语道了别，可是在把听筒挂回去时，他却还说了：“是的，他们在追捕我。”半是对自己说，半是对远方那个他不再听得见的女孩说。

而这会儿已经迟了，可能无法准时抵达大教堂。他搭汽车过去，在最后一刻还想起了那本相册，先前他一直没机会递出去，因此只能带着它。在整趟车程中，他把相册放在膝盖上，不安地用手指头在上面敲着。雨势减弱了，但是天气又湿又冷，而且阴暗不明，在大教堂里将看不见多少东西，但K的感冒却会因为在冰冷的磁砖地上久站而更加严重。

大教堂前的广场空无一人，K忆起他小时候就注意到在这个狭小广场上的屋子里，所有的窗帘几乎总是都被放下来。不过，在今天这种天气里，这要比平常容易理解。大教堂里似乎也是空的，当然没有人会想到要在这个时候到这儿来。K穿过两侧的翼廊，只碰到一个老妇人，裹着一条暖和的披巾，跪在一幅圣母像前面，凝视着那幅画像。然后他还远远地看见一个跛行的工友消失在墙上的一道门里。K准时抵达，他进来的时候钟正敲响十一下①，那个意大利人却还不见踪影。K走回主要入口，在那里站了一会儿，下不定决心，然后在雨中绕着大教堂走了一圈，好查看那个意大利人是否在哪个侧门等待，可是到处都找不到他。难道是行长把时间听错了吗？谁又能正确听懂这个人讲话。但是不管怎么样，K还是至少得等他半个小时。由于疲倦，他想坐下来，于是又走进大教堂里，在一个台阶上找到一块像是地毯的破布，用脚尖把它拉到旁边一张长凳前，把大衣再裹紧一点，竖起衣领，坐了下来。为了打发时间，他打开那本相册，在里面翻了一下，但是没多久就得打住，因为

① 原文确实是十一下。——译者注

光线变得太暗了，当他抬起头来，在旁边的翼廊上几乎什么也看不清。

远处在主祭坛上有一个由烛光构成的大三角形，K不确定自己是否先前就已经看见了，也可能是刚刚才被点燃的。教堂的工友擅长蹑手蹑脚地行走，让人几乎无法察觉。当K凑巧转身，他看见在他身后不远处有一支又高又粗的蜡烛被固定在一根柱子上，同样也在燃烧。烛光虽然很美，却不足以照亮挂在侧翼祭坛幽暗中的圣坛画像，反而更增添了那份幽暗。那个意大利人没有来，他这样做虽然失礼，却很合理，反正什么也看不见，只能将就着用K的手电筒一点一点地来看几幅画。为了试着看看那样能看见什么，K走到近处一间位于侧翼的小教堂里，爬上几级台阶，走到一个低矮的大理石栏杆前，在那栏杆上俯身向前，用手电筒照向那张圣坛画像。长明灯的烛光在前面摇晃，干扰了视线。K首先看到——一半是猜的——一个身穿铠甲的高大骑士，被画在那张画的最边缘。他拄着他的剑，剑身插在面前光秃秃的土地上，只有几根草零零落落地冒出来。他像是专注地观察一个在他面前进行的事件。令人奇怪的是，他就这样站在那里，并没有靠近出事的地点——也许他只是被派来守卫的。久未看画的K端详那个骑士良久，虽然他不得不一再眨眼，因为他受不了手电筒的绿色光线。等他让光线扫过那幅画的其余部分，他发现这是一幅习见的基督入墓图，此外这是幅年代比较近的画。他把手电筒塞进口袋里，又回到他的位子上。

如今大概已经无须等待那个意大利人了，可是外面肯定下着倾盆大雨，而教堂里并不像K原先以为的那么冷，所以他决定暂时留在这儿。在他旁边是大讲道坛，讲道坛小小的圆顶上放着两个半倒的金色十字架，最尖端处交叉着。护栏的外墙以及与承载讲道坛的柱子相连的部分有绿色的叶状雕饰，雕饰上有很多小天使，他们有的活泼，有的安静。

K走到讲道坛前，从每一边加以细看，石块的处理极为细腻，在叶状雕饰之间与后面，深深的黑暗宛如在此处凝固，无法逃脱。K把手伸进这样一个空隙里，小心翼翼地去摸那石头，在这之前，他根本不知道有这个讲道坛存在。此时他凑巧发现在下一排长凳后面有一个教堂工友，身穿有褶下垂的黑色袍子站在那里，左手拿着一个鼻烟壶，正打量着他。“这人想要干嘛？”K想，“他觉得我可疑吗？他想要小费吗？”可是当这个教堂工友发现K注意到他时，他伸出右手，指着某个不确定的方向，两只手指之间还捏着一小撮烟草。他的举止几乎令人无法理解，K又等了一会儿，但是那个教堂工友不断用手指着某样东西，还一边点头，来加强他的意思。“他想干嘛？”K小声地问，在这里他不敢大喊，随后他掏出钱包，从下一排长凳挤过去，想走到那个人身边。然而此人立刻做了个拒绝的手势，耸耸肩膀，一跛一跛地走开了。K小时候曾用这种类似仓促跛行的走路方式来模仿骑马。“一个幼稚的老人，”K心想，“他的智力只够在教堂里打杂。你看他，我一停下，他也停下来，看我是否会继续跟着他。”K带着微笑，跟着那老人穿过整个翼廊，几乎快走到主祭坛那一排，那老人还是不停地指着，但是K故意不转头，老人那样指的目的不过是想引他走开，不要再跟在老人后面。最后他真的不再跟着那老人了，他不想让老人太害怕，而且他也不想把这人赶走，万一那个意大利人最后来了的话。

当他进到中殿，想找到他把相册留在那儿的那个位子时，发现在一根柱子旁边，有一个次要的小讲道坛，很简单地由光秃秃的灰白石头建成，几乎邻着唱诗班的席位。这个讲道坛是那么小，远远看去像是个空着的壁龛，像是要用来摆放一尊塑像。讲道者肯定无法从围栏向后退上整整一步。此外，讲道坛的石制拱顶从很低的地方展开，虽然没有任何装饰，所成的弧形却使一个中等身高的男子在那儿无法站直，而必须始终俯身在围栏上。这整个设计像是为了用来折磨讲道者，既然已经有了另外一个装饰得充满艺术性的大讲道坛可供使用，又何必再要这样一个讲道坛呢？

假如在这个讲道坛上方不是放了一盏灯——一如在讲道即将进行之前的习惯，K本来肯定也不会注意到这个小讲道坛。难道这里即将要进行一场讲道吗？在这座空荡荡的教堂里？K朝那道楼梯望过去，那楼梯紧贴着柱子，通往那座讲道坛，楼梯那么窄小，仿佛不是让人走的，而只是用来装饰那根柱子的。可是在讲道坛下方果然站着一位神职人员，让K诧异地露出微笑，那神父把手放在栏杆上，已经开始往上爬，并且朝K看过来，轻轻地点点头。K在胸前画了十字，鞠了个躬，其实他早该这么做的。那神父微微向上一跃，快速迈着小步爬上了讲道坛。难道一场讲道果真要开始了吗？也许那个教堂工友并没有那么糊涂，而是想把K赶到讲道者这儿来，在这座空荡荡的教堂里，这也的确有必要。不过，在某处的一幅圣母像前面还有一位老妇人，她也应该要过来的。而且既然要讲道的话，为什么没有奏起管风琴来做前道？那座管风琴一直悄无声息，只从高处在黑暗中发出微弱的光。

K想着自己现在是否该尽快离开，如果现在不走，在讲道进行当中就不可能走，届时他就必须留下，讲道讲多久，他就得留多久。在办公室里他浪费了那么多时间，而他也早已没有义务再等那个意大利人了，他看看表，时间是十一点。可是难道真的会进行讲道吗？难道K一个人就足以代表信众吗？假如他只是个来参观教堂的外国人呢？事实上他就跟来参观教堂的外国人没有两样。认为此刻将会进行讲道太过荒谬了——在一个工作日的上午十一点，在糟糕透顶的天气下。那个神父——那人无疑是位神父，一个肤色深、脸部光滑的年轻人——显然只是想上去把那盏不该点燃的灯熄灭。

但事情并非如此，那神父反倒把那盏灯检查了一下，再把灯转紧一点，然后他缓缓朝着围栏转过身来，用双手抓住有棱有角的边饰，就这样站在那儿好一会儿，四下张望，头却没动。K往后退了好一段距离，用手肘倚着最前排的长凳。他不安的眼睛看见那个驼背的教堂工友安详地蜷缩在某处，像是完成了任务，但K无法确定其确切的位置。此刻大教堂里是多么安静呀！可是K不得不打破这份安静，他无意留在这里；如果神父有义务在某个特定的时间讲道，不管当时的情况如何，那么就由他去，就算没有K的捧场他也能办到，一如K之在场也肯定不会提高讲道的效果一样。于是K开始慢慢移动，踮起脚尖，沿着长凳摸索着向前，抵达宽阔的主要信道，在那里继续向前走，完全不受打扰，只是步伐再轻，还是会在石板地面上发出声音，而教堂的拱顶让这脚步声发出规律的多重回声，虽然微弱，却不停歇。当K独自穿过那些空无一人的长凳时，他觉得有点孤单，也许那神父的目光仍追随着他，而教堂之大也让他觉得很是吃惊，简直到了人类所能承受的极限了。等他走到了他先前的位子，他匆匆抓起搁在那儿的相册，收好，没有多做停留。他几乎就要离开长凳区，接近位于长凳与出口之间的那块空地时，他首次听见那神父的声音，一个铿锵有力、经过练习的声音。听这声音是如何贯穿了这座准备好接收这声音的大教堂！但那神父并非在对着信众呼喊，而是清清楚楚、毫不含糊地喊着："约瑟夫·K！"

K停下脚步，看着前面的地板。他暂时还是自由的，还可以继续往前走，穿过前面不远处那三扇暗暗的小木门当中的一扇，悄悄溜走。这只会表示他没有听懂，或是他虽然听懂了，却不想理会。可是他一旦转身，就被留住了，因为那就等于承认他听得很清楚，承认他的确是那个被喊的人，承认他也想听从。假如那神父又再喊一次，那么K肯定就走了，可是不管K等了多久，仍然一片安静，他终于还是稍微转过头去，想看看那个神父此刻在做什么。那神父跟先前一样平静地站在讲道坛上，但显然察觉到了K的转头。如果K此刻不整个转过身去，就会像是小孩在玩捉迷藏。他转过身，神父伸手向他示意，要他走近一点。由于此刻一切都可以光明正大地进行，他迈开大步朝着讲道坛跑过去，而他这么做也是出于好奇，并且想缩短这件事的时间。他在头几排长凳旁停下脚步，但是神父似乎觉得这个距离还是太远，伸出了手，食指向下，指着讲道坛正前方之处。K也依从了，在这个位置上，他得把头向后仰，才能看得见神父。

“你是约瑟夫·K。”神父说，举起放在围栏上的一只手，做了个不明确的手势。“是的。”K说，想到以前他常常说出自己的名字，而这一段时间以来，他的名字成了一种负担，现在就连他头一次遇见的人都晓得他的名字，能够先自我介绍才被别人认识是件多么美好的事啊。“你被控告了。”神父压低了声音说。“是的，”K说，“他们通知我了。”“那么你就是我要找的人，”神父说，“我是个监狱神父。”“原来如此。”K说。“我让人叫你到这儿来，”神父说，“是为了跟你谈一谈。”“我不知道这件事，”K说，“我来这儿是为了带一个意大利人参观这座大教堂。”“别提这些不重要的事，”神父说，“你手里拿的是什么？一本祈祷书吗？”“不，”K回答，“是一本介绍城里名胜的相册。”“放下它。”神父说。K把那相册用力扔开，相册打开了，有几页被压皱了，在地板上滑行了一段。“你知道你的官司情况不佳吗？”神父问。“我也这么觉得，”K说，“我尽了一切努力，可是到目前为止都没有成效。不过，我还没把答辩书写好。”“你认为结局会如何？”神父问。“先前我认为此事必定会有好的结局，”K说，“现在有时候连我自己都感到怀疑。我不知道结局会是如何。你知道吗？”“不知道，”神父说，“但是恐怕会有坏结局。他们认为你有罪。你的官司也许根本不会脱离低阶的法院。至少目前认为你确实有罪。”“但我并没有罪，”K说，“这是个错误。一个人怎么可能就是有罪的呢？明明我们大家都是人，人人都一样。”“话是没错，”神父说，“可是有罪的人通常都这么说。”“你也对我有成见吗？”K问。“我对你没有成见。”神父说。“谢谢你，”K说，“可是其他参与这个审判程序的人都对我有成见。他们也让那些没参与的人对我有了成见。我的处境会越来越困难。”“你误解了事实，”神父说，“判决不会突然下达，审判程序会逐渐变成判决。”“原来是这样。”K说，低下头。

“接下来你想针对你的案子做些什么？”神父问。“我还想寻求协助。”K说，抬起头来，想看看神父对此有何看法，“还有一些可能的办法我尚未加以利用。”“你找了太多人帮忙，”神父语带责备地说，“尤其是找女人来帮你。难道你没发现那并非真正的帮助吗？”“有些时候，甚至是经常，我可以同意你的说法，”K说，“但不总是这样。女人拥有很大的力量。如果能说动一些我认识的女人一起替我出力，我应该就会成功。尤其是这个法庭的成员几乎都喜欢追求女人。那个初审法官一看到在远处有个女人，就会撞倒法庭的桌子和被告，好及时赶到那女人那儿去。”神父把头向围栏垂下，讲道坛的拱顶似乎此刻才压得他弯了腰。外面是多大的一场暴风雨?! 那已经不再是阴沉的白昼，而是深沉的黑夜。那些大窗户上的彩绘玻璃也无法发出一丝光芒，来划破那黑暗的墙壁。偏偏此刻那个教堂工友开始把主圣坛上的蜡烛一支一支地熄灭。“你生我的气吗?”K 问那神父，“你也许不知道你在为什么样的法院服务。”他没有得到回答。“那只不过是我的经验，”K 说，上方仍旧一片安静，“我无意冒犯你。”此时那神父朝下对着 K 大吼：“你就不能看远一点吗?”那声大吼是出于怒气，但也像是一个人看见有人摔倒，由于受到惊吓，而不由自主地失声叫了出来。

这会儿两人都沉默良久。在下方的黑暗中，神父肯定无法确切地认出 K 来，但是在那盏小灯的光线下，K 却能清楚地看见那神父。为什么神父不下来呢？既然他并没有在讲道，只是通知 K 一些事，假如 K 真在意这些通知，对他只有坏处，没多大好处。不过，K 觉得神父的好意毋庸置疑，假如他走下来，K 和他说不定能协调出一致的看法，K 说不定能从他那儿得到关键性的建议，而且是 K 可以接受的，例如，这建议将会向他指出，不必去想该如何影响审判，而该想如何逃离审判，如何回避审判，如何在审判之外生活。这个可能性一定存在，最近 K 常常想到此一可能。而神父若是知道这种可能性，那么他或许会透露，如果 K 央求他的话，虽然他自己也属于法院，虽然当 K 抨击法院时，他压抑住自己温柔的天性，甚至对着 K 大吼。

“你不想下来吗？”K 说，“既然你并没有要讲道。下来到我这儿来吧。”“现在我可以下来了。”神父说，也许后悔他的大吼。他一边把那盏灯从钩子上拿下来，一边说：“我得先从远处跟你说话。不然我太容易受影响，会忘了我的职务。”

K 在楼梯下等他。神父在走下来时，人还在楼梯上就向他伸出了手。“你有一点时间给我吗？”K 问。“你需要多少时间都行。”神父说着，把那盏小灯递给 K，让他拿着。即使在近处，神父身上的那种庄严也并未消失。“你对我很和善。”K 说。他们并肩在黑暗的翼廊上来回踱步。“你在所有隶属法院的人当中是个例外。比起他们当中的任何人，我对你更为信赖，而我已经认识了那么多人。对你我可以坦诚地说话。”“你别弄错了。”神父说。“我在什么事情上弄错了？”K 问。“在法院这件事上你弄错了，”神父说，“在法律的前言里，提到过这种错觉：在法的门前站着一个守门人。一个乡下人来到这个守门人面前，请求见法，但守门人说现在不能允许他进去。那人考虑了一下，然后问他之后是否能被允许进入。‘有可能，’守门人说，‘但是现在不行。’由于通往法律的大门始终是敞开的，而守门人站到一边，那人弯下腰，想望进那扇门里。守门人发现了，便笑着说：‘如果它那么吸引你，那么尽管我禁止，你还是可以尝试进入。但是要知道：我的力量很大。而且我只是最低阶的守门人。从一个厅到另一个厅，站着一个比一个更有力气的守门人。第三个守门人，我光是看到他的样子就承受不了。’那个乡下人没有料到这等困难，他以为法律应该是人人都可以随时接近的。当他更仔细地打量那个身穿毛皮大衣的守门人，那大而尖的鼻子，长而稀疏的鞑靼人黑胡子时，他决定还是宁可等待，等到他获得进入的许可。守门人给了他一张板凳，让他坐在门的侧边。他在那儿坐了一天又一天，一年又一年。他一再尝试获准进入，一再央求，让守门人不胜其烦。守门人经常对他进行小小的盘问，询问他关于他家乡的事和许多其他事情，但那是些漠不关心的询问，就像大人物所提的问题，而到最后，守门人总是说还不能够让他进入。那个人为这趟旅行带了许多东西，他把一切都拿来贿赂这个守门人，哪怕是再有价值的东西也不吝惜。守门人虽然把东西全都收下了，却在收下时说：‘我收下来只是为了让你不要以为有什么该做的事自己没做。’在那许多年里，那人观察着那个守门人，几乎不曾间断。他忘了其他的守门人，在他看来，这第一个守门人是进入法律的唯一阻碍。他咒骂这不幸的巧合，在头几年里很大声，后来他老了，就只是自言自语地嘟囔着。他变得孩子气，由于他在对那守门人的长年观察中也发现了对方毛皮领子上的跳蚤，他也央求那些跳蚤帮他的忙，去改变守门人的心意。最后他的视力变弱了，而他不知道四周是否真的变暗了，还是只是他的眼睛在欺骗他。不过，如今他在黑暗中看到一道光，源源不断地从那扇法律之门里透出来。现在他活不了多久了。在他死前，这些年来的所有经验在他脑中集结成一个他至今不曾向那守门人提出的问题。他向那守门人示意，因为他僵硬的身体已经无法站直。守门人必须深深地朝他弯下身子，因为两人的高矮差别有了很大的改变，那人变矮了。‘现在你还想要知道什么？’守门人问，‘你永远不满足。’‘明明大家都在追求法律，’那人说，‘为什么这么多年以来，除了我都没有别人要求进入呢？’守门人看出这人的生命已经到了尽头，为了让逐渐丧失听力的他还能听见，向他大吼：‘其他任何人都无法在这里取得进入的许可，因为这个入口是专门为你而设的。现在我要走过去把它关上。’”

“所以说，守门人欺骗了那个人。”K立刻说，被这个故事深深吸引。“不要操之过急，”神父说，“不要未经检验就接受别人的看法。我把这个故事根据原文所写的讲给你听，那里面没有提到欺骗。”“可是事情很清楚，”K说，“而且你最初的说明完全正确。守门人直到最后才做出能够拯救他的告知——当此一告知再也帮不了那人的时候。”“他之前没有被问到这个问题，”神父说，“你也要考虑到，他只是个守门人，而身为守门人，他尽到了他的义务。”“你为什么认为他尽到了他的义务？”K问，“他没有尽到他的义务。他的义务也许是拦住所有的陌生人，可是入口既然是为这个人而设的，他其实应该让他进去。”

“你对那篇文字缺少足够的尊重，更改了那个故事。”神父说，“针对进入法律的许可，故事中包含了守门人所做的两个重要解释，一个在开头，一个在结尾。一处说的是：‘现在他不能允许他进入’，另一处是：‘这个入口是专门为你而设的。’假如这两个解释之间互相矛盾，那么你就可以说守门人欺骗了那人。然而这两个解释之间却并没有矛盾。正好相反，第一个解释甚至预示了第二个解释。几乎可以说，守门人超出了他的义务，向那人提出了将来允许他进入的可能性。在那个时候，他的义务看来只在于阻挡那个人。的确有许多解释那篇文字的人纳闷那个守门人居然做了这样一个暗示，因为他似乎重视精确、严格地守护他的职责。那么多年他都没有离开岗位，直到最后才把门关上，他对于自己职务的重要性十分自觉，因为他说：‘我力量很大’。他敬畏上级，因为他说：‘我只是最低阶的守门人’。只要涉及善尽义务，他既不会被打动，也不会被激怒，因为文中说那人‘一再央求，让守门人不胜其烦’。他不多话，因为在那许多年里，他只提了些如文中所说‘漠不关心的询问’。他不被收买，因为对于那人送他的礼物他说‘我收下来只是为了让你不要以为自己少做了什么该做的事’。最后，他的外表也暗示他的个性拘泥细节，那大而尖的鼻子，还有长而稀疏的鞑靼人黑胡子。还会有比他更忠于职守的守门人吗？不过，在这个守门人身上还掺杂了别种性格特征，对那个要求进入的人十分有利，而且这些特征也让人至少能够理解，他何以在暗示将来的可能性时会稍微超出了他的义务。因为，无可否认，他有点头脑简单，并且因此而有点自负。他针对他的力量以及其他守门人的力量所说的话，还有他说自己承受不了第三个守门人的模样——就算这些话本身都没有错，但他说这些话的方式却显示出头脑简单和自大蒙蔽了他的理解力。关于这一点，诠释者说：对一件事的正确理解与对同一件事的误解，这两者并不互相排斥。但无论如何，必须假定这种头脑简单和自大削弱了对那入口的看守，就算是以微不足道的方式表现出来的。这是那个守门人性格上的缺陷。再加上那个守门人似乎生性和善，并不总像个公职人员。在故事一开始，他就开了个玩笑，邀请那人不顾明确的禁令而进入，然后他没有马上赶他走，反而如文中所述给了他一张板凳，让他在门边坐下。在那么多年里，他展现耐心，忍受那人的央求，进行小小的审讯，接受礼物，宽宏大量地容许那人在他旁边大声咒骂那不幸的巧合，是巧合把那守门人置于此地——这一切都可归之于他动了同情心，并非每个守门人都会这么做。最后在那人向他示意之后，他还深深朝那人弯下身子，给他问最后一个问题的机会。从'你总是不满足'这句话中只流露出些许不耐——守门人知道一切都已经结束了。有一种诠释甚至更进一步表示，'你总是不满足'这句话表达出一种友好的赞叹，而此一赞叹并非没有高高在上的意味。总而言之，守门人这个人物的塑造与你所想的不同。""你比我更熟悉这个故事，也知道得比我更久，"K说。

他们沉默了一会儿。然后K说："所以你认为那个人并没有被欺骗啰？""不要误会我的意思，"神父说，"我只是想让你知道针对这个故事有哪些看法。你不必太在意这些看法。写下来的文字不会改变，而看法往往只表示出对此的绝望。就这个故事来说，甚至还有一种看法，认为那个守门人才是被欺骗了的人。”“这个看法扯得太远了，”K说，“是根据什么呢？”

“根据守门人的单纯。”神父说：“有人说他并不识得法律的内部，只识得入口前那条路，他必须一走再走的那条路。他对法律内部的想象被视为天真，而且有人认为他自己也畏惧他想让那人感到畏惧的东西。可以说他比那个人还要畏惧，因为那人一心想要进去，就算听说了里面有更可怕的守门人，而那个守门人却并不想进去，至少故事里没说他想进去。虽然也有人说他一定去过里面，因为毕竟他曾经被法律任命担任此一职务，而此事只可能在里面发生。另一些人对这个说法的回答是，他也可以透过从里面发出的一声呼喊而被任命为守门人，至少他应该不曾进到里面的深处，既然他连第三个守门人的模样都已经无法忍受。此外，故事中也没有提到在那许多年里，他还叙述过什么关于里面的事，除了针对里面那些守门人所说的那番话之外。也许他被禁止叙述，但他也不曾提起这个禁令。有人根据这一切推论出，他对那里面的样子和意义一无所知，有的只是一种错觉。据说他对那个乡下人其实也有一种错觉，因为他从属于这个乡下人，而他并不知道，反而把乡下人当成下属来对待，从很多地方都可以看出这一点，这你应该还记得，但他其实是从属于乡下人的。根据此一看法，守门人从属于乡下人这一点在故事中也表现得很清楚。首先，受束缚的人从属于自由人。而那个乡下人的确是自由的，他想去哪儿就可以去哪儿，只有法律的入口不准他进入，而且只被一个人禁止，亦即那个守门人。如果他在门边那张板凳上坐了一辈子，那么这是出于自愿，故事里没有提到他受到强迫。然而守门人却由于自己的职务而被束缚在他的岗位上，他不能离开，看样子也不能进去，就算他想要进去。此外，他虽然是为法律效命，却只为了这一个入口效命，也就是说只为了这个乡下人，因为这个入口就只是为了此人而设。基于这个理由，他隶属于此人。可以假定，在那许多年里，在整个壮年时期中，在某种意义上，他只执行了空洞的职务，因为文中说，一个男子来了，指的是一个壮年男子，这表示那守门人在履行义务之前得要等很久，而且所等待的时间是由那个男子决定的，毕竟他是自愿来的。而这份职务的结束也是由那个男子生命的结束来决定的，也就是说，直到最后他都隶属于那个人。而且文中一再强调，守门人似乎对一切都一无所知。不过，这一点并不引人注目，因为根据此一看法，守门人还有一种更严重的错觉，此一错觉涉及他的职务。因为，最后他提到那个入口时说：‘现在我要走过去把它关上’，可是在一开始时提到过通往法律的那扇门始终是敞着的，而那门若始终是敞着的，‘始终’表示不受限于那人的生命长度，虽然此门是为了那人而设，那么就连守门人也无法把门关上。那守门人之所以宣布要去把门关上，只是想给一个回答呢，还是想强调他的职责呢？还是在最后一刻想让那人陷入悔恨和悲伤？关于这一点，大家意见分歧。但是许多人一致认为守门人无法把门关上，他们甚至认为他的知识也在那人之下，至少是在最后，因为那人看见了光从法律的入口透出来，而负责看门的守门人想来背对着入口站立，而且从他所说的话当中也不曾显示出他察觉到此一变化。”

“这很有根据。”K说，他小声地复述着神父所做说明中的一部分。“这很有根据，现在我也认为那个守门人被骗了。但是我并未因此放弃我先前的看法，因为两者并不冲突。那守门人究竟是把事情看得很清楚，还是被骗了，这一点无法判定。我先前说那个人被骗了。如果守门人把事情看得很清楚，那么就可以怀疑我的说法，可是如果守门人被骗了，那么他的错觉就势必会传染给那个人。在这种情况下，这个守门人虽然不是骗子，但却如此头脑简单，应该立刻就被免职。毕竟你得考虑到，守门人的错觉对他自己没有损害，对那个人却有千百倍的损害。”“在这一点上，有人与你意见相反，”神父说，

“因为有些人说任何人都没有权利评断那个守门人。不管我们怎么看他，他都是法律的仆人，听命于法律，亦即脱离了众人的评断。在这种情况下，也就不能认为守门人隶属于那个人之下。由于他的职务，哪怕只是被束缚在法律的入口，还是远胜于自由地生活在世上。那人才到法律这儿来，守门人就已经在那儿了。他是由法律任命来担任此一职务的，怀疑他的尊严就等于怀疑法律。”“我不同意这个看法，”K 摇着头说，“因为如果同意这个看法，就得把守门人所说的一切视为真实。但这是不可能的，你自己就详细地陈述过理由。” “不，”神父说，“不必把一切都视为真实，只需要视之为必要。”“令人沮丧的看法，”K 说，“谎言成了世界秩序。”

K 将这句话作为结束，但这并非他的最终评断。他太过疲倦了，无力综观由这故事所引申出的所有结论，而且这故事带领他进入不寻常的思维逻辑，不真实的事物，比起他来，更适合由一群法院公务员来探讨。这个简单的故事变得奇形怪状，他想把这个故事抛在脑后，而神父十分体谅地容忍 K 这么做，默默地接纳了 K 的意见，尽管这意见跟他本身的看法肯定不一致。

他们沉默地又走了好一会儿，K 紧紧地依傍着神父，在黑暗中不知道自己置身何处。他手里那盏灯早已熄灭。

有一次，在他正前方，一座银制的圣徒雕像闪了一下银光，随即就又消失在黑暗中。为了不要一直依赖那位神父，K问他："我们现在是不是在大门附近？""不，"神父说，"我们离大门很远。你要走了吗？"虽然K本来并没有这么想，他却马上答道："当然，我得走了。我是一家银行的经理，有人在等我，我来这儿只是为了带一位生意上的外国朋友来参观大教堂。""嗯，"神父说，伸手与K相握，"那就走吧。""可是在黑暗中我找不到路。"K说。"向左走到墙边，"神父说，"然后继续沿着墙走，不要离开墙边，你就会找到出口了。"神父才只走开了几步，而K已经喊得很大声："请再等一下。""我等着。"神父说。"你对我没有别的要求了吗？"K问。"没有。"神父说。"先前你对我那么和气，"K说，"向我说明了一切，现在你却任由我离开，仿佛你一点也不在乎我。""你明明得走了。"神父说。"这倒是的，"K说，"你应该明白。""你该先弄明白我是谁。"神父说。"你是监狱神父。"K说，朝那神父走近了一点，其实他并不像自己所说的那样急需回到银行，他大可以继续留在这里。"也就是说我隶属于法院，"神父说，"所以我为何要对你有所要求？法院对你没有要求。你来，它就接纳你；你走，它就让你走。"

结局

在他三十一岁生日的前夕——大约晚上九点，街上一片安静——两位男士来到K的住处。他们穿着小礼服，脸色苍白，身材肥胖，戴着一顶看似不好摘下来的礼帽。在公寓门前，为了谁先进去他们稍微客套了一番，在K的房间门口，同样的客套又重复了一次，这一次花的时间比较久。虽然并没有接到有人来访的通知，K同样穿着黑色服装，坐在门边一张椅子上，缓缓戴上紧紧绷在手指上的新手套，一副在等候客人的样子。他站了起来，好奇地看着那两位先生，问道："你们是被派来找我的？"两位先生点点头，其中一人把礼帽拿在手里，指着另一人。K提醒自己，这并非他原本等待的客人。他走到窗边，再一次望向漆黑的街道。街道对面所有的窗户也几乎都是一片漆黑，许多窗户里的窗帘被放下了。一层楼一扇亮着灯的窗户里，两个孩子在一道栅栏两边玩耍，他们还没有能力离开原地，只好彼此朝对方伸出小手。"他们派了低阶的老演员到我这儿来。"K心想着，望向四周，为了让自己相信事情确是如此。"他们想用廉价的方式来打发我。"K突然朝他们转过身去，问道："你们在哪一个剧场表演?”“剧场?”其中一位先生嘴角抽搐地询问另一位的意见。另一个打着手势,像个哑巴在对抗难以驾驭的生物。“他们没有料到别人会问问题。”K对自己说,去拿他的帽子。

在楼梯上那两位先生想要挽住K的胳臂,但是K说:“等到了街上再说,我并没有生病。”而一到大门前,他们就挽住了K的胳臂,K还从未这样跟别人一起走路。他们把肩膀紧紧贴在K的肩膀后面,手臂没有弯曲,而是把K的整条手臂缠住,在下面抓住K的手,那是一种严格遵照规定的握法,熟练而令人无法抗拒。K走在他们中间,身体被拉直了,此刻他们三个形成了一体,假如有人击倒他们其中一个,那么他们会一起倒下。几乎只有无生命之物才能形成这样的整体。

在路灯下,K几度尝试把他的陪伴者看得清楚一点,虽然在这种紧贴着的情况下很难办到——先前在他房间的昏暗中他没能把他们看清楚。他看到他们厚重的双下巴,心想他们也许是唱男高音的。他们干净的脸孔令他觉得恶心,他仿佛还能看见那只替他们清洁的手拂过他们的眼角,擦过他们的上唇,刮过他们下巴上的皱纹。

当K注意到这一点时,他停下了脚步,那两人因此也停了下来。这时他们位于一个空旷广场的边缘,广场上空无一人，有绿地作为装饰。“为什么他们偏偏派你们来！”与其说他是在问，不如说是在喊。那两位先生看来不知道该怎么回答，他们垂下那条自由的手臂等着，就像看护在等待想稍作休息的病人。“我不往前走了。”K试着说。那两位先生无须回答，只要不松开手，设法把K架起来就够了，可是K抗拒着。“我用得着力气的时间不多了，现在我要把全部的力气都用上。”他想，想起胶纸上的苍蝇，细腿已断裂，还努力想从胶纸上挣脱。“这两位先生的工作会很沉重。”

此时在他们前方一条地势较低的巷子里，布斯特娜小姐从一小段阶梯走上了广场。没法确定是否真的是她，但至少十分相像。而K也并不在乎那是否果真是布斯特娜小姐，只不过他立刻意识到自己的抗拒毫无价值。那丝毫不是英雄行径——如果他做抵抗，如果他给那两位先生添麻烦，如果他还想试图在反抗中享受生命的最后一道光亮。他又走了起来，而他此举所带给那两位先生的喜悦也传染了一些给他。现在他们容许他决定行走的方向，而他根据前面那位小姐所走的道路来决定，不是因为他想要追上她，也不是因为他想尽可能久地看着她，而只是为了不要忘记她所意味的提醒。“现在我唯一能做的，”他对自己说，而他和另外那三人的规律步伐证实了他的想法，“现在我唯一能做的，是直到最后都保持冷静分析的理智。从前我总是巴不得带着二十只手到这个世上，而我们目的也并不怎么可取。那是不对的，难道这会儿我要让别人看出，就连这一年的审判都没能让我学到教训吗？难道我要在离开时做个理解力迟钝的人吗？难道我想让别人在我背后说，我在审判开始时想要它结束，而在它此刻要结束时又想要它重新开始？我不想让别人这样说。我感谢他们让这两位哑巴一样、无动于衷的先生陪我走这段路，感谢他们让我自己来说必要的话。”

此时那位小姐拐进了一条巷子，但是K已经不需要她了，任由他的陪伴者处置。这会儿，三个人全然意见一致，在月光下走过一座桥，那两位先生心甘情愿地配合K的一举一动，当他稍微朝着栏杆转过身去，他们也整个朝那儿转了过去。河水在月光中闪亮、颤抖，被一座小岛分开，树丛的叶片在岛上大量堆积，仿佛被挤在一起。在他们下方有此刻看不见的石子路通往舒适的长凳，在某些夏日，K曾在这些长凳上舒展四肢。“我本来并没有想要停下来。”他向他的陪伴者说，为了他们的甘心配合而感到羞愧。其中一人似乎在K背后温和地责备另一人出于误会而停下脚步，然后他们就继续向前走。

他们穿过几条上坡的街道，街道上有警察四下站着，或者来回走动着巡逻，有时离他们很远，有时就在他们旁边。其中一个蓄着浓密的小胡子，手按着佩剑的剑柄，像是有意走近这三个不无可疑的人。那两位先生停住了，警察似乎就要开口说话，此时 K 用力拉着那两位先生向前走。好几次他小心地转头去看警察会不会跟上来，等他们跟那个警察之间隔了一个转角，K 开始跑起来，那两位先生也不得不跟着跑，尽管上气不接下气。

就这样，他们迅速离开了市区，在这个方向上，市区几乎与原野相连。一座小小的采石场，孤单而荒凉，位于一栋还很有城市风味的房屋附近。那两位先生在这里停下来，不管是因为这个地方原本就是他们的目的地，还是因为他们太过筋疲力尽，无法再跑下去。此刻他们松开了默默等待的 K，摘下礼帽，用手帕擦掉额头上的汗水，一边在采石场四下张望。月光洒了一地，自然而宁静，这种自然和宁静是别种光线所没有的。

针对接下来的任务该由谁执行，两位先生谦让了一番——他们接到的任务似乎并未做进一步的分配——然后其中一个走到 K 身边，脱掉了他的外套、背心，最后也脱掉了他的衬衫。K 不禁打起哆嗦，那位先生在他背上轻轻拍了一下表示安抚，然后把那些衣物仔细地放在一起，像是将来还会用到，就算暂时用不到。夜里的空气毕竟很凉，为了让K不要一动也不动地暴露在这凉气里，那先生挽起他的手臂，带着他一起来来回回地走着，另一位先生则在采石场里寻找某个适当的位置。等他找到了，他招手示意，另一位先生就护送K过去。

那是在靠近采石场围墙之处，那儿有一块被敲下来的石头。两位先生把K放在地上，让他倚着那块石头，把他的头轻轻放在石头上。虽然他们费了很多工夫，虽然他们尽量配合K，他的姿势还是很不自然，无法令人信服。因此，一位先生请另一位让他独自来把K放下，但是情况也没有好到哪儿去。最后他们让K保持一种姿势，这种姿势在先前调整过的那些姿势当中甚至不是最好的一种。然后其中一位先生掀开了他的小礼服，从一条绕着背心的皮带上所挂的刀鞘里，抽出了一把又长又尖、双面都磨利了的切肉刀，把刀高举，在光线下检视刀刃。那令人作呕的客套又开始了，其中一人把刀子从K头上递给另一人，而那人又把刀子从K头上递回来。

此刻，K明白自己有义务抓住这把在他头上晃来晃去的刀子，往自己身上戳下去。但他没有这么做，而是转动着他那仍然自由的脖子，四处张望。他没能彻底证明自己，不能代替政府机关把所有的工作都做了，这样做需要残存的力气，没给他这份力气的那个人要承担最后这件错误的责任。他的目光落在采石场旁边那栋屋子的顶楼。像是乍现的光亮一闪而过，那儿有两扇窗页打开了，一个人猛然探出身来，将手臂伸出窗外；因为他站很高，离得远，样子无法看清。那是谁？一个朋友？一个好人？一个关心他的人？一个想要帮忙的人？那只是一个人吗？还是所有的人？他还有救吗？还有一些他们之前忘了的有利于他的观点被提出来了吗？想必是有的。逻辑虽然不可动摇，但它无法阻挡一个想要活下去的人。那个他从未见过的法官在哪里？那个他从不曾去过的高等法院在哪里？他举起了双手，张开了全部的手指。

但是其中一位先生用双手掐住了 K 的咽喉，另一人将刀子刺进他的心脏，并且在那儿转了两下。K 翻白的眼睛还看见这两位先生脸颊贴着脸颊挨近他的脸，观察着最后的结果。“像条狗！”他说，仿佛 K 死后，他的羞耻仍将长存。

残稿

布斯特娜小姐的女友

在接下来这段时间里，K 就连跟布斯特娜小姐说上几句话都不可能。他尝试以种种方式来接近她，但她总懂得回避。他在下班后马上回家，待在他房间里，没有开灯，坐在沙发上，唯一做的事就是观察玄关。如果女佣经过，以为房里无人，而把 K 房间的门关上，他就会先等一会儿，然后站起来，再把房门打开。早晨他比平常早起一个小时，为了也许能在布斯特娜小姐去上班时单独与她相遇。然而这些尝试没有一次成功。后来他写信给她，寄到她办公室，也寄到住处，在信里再度尝试替他的行为辩解，说他愿意做任何补偿，承诺永远不会逾越她为他所设的界限，只求能给他一次跟她谈话的机会。因为他如果事先没跟她商量过，就无法在古鲁巴赫太太那儿做什么安排。最后他告诉她，他下一个星期天整天都会在他房间里等待她给一个信号，表示答应他的请求，或者至少向他说明何以她不能答应他的请求——尽管他明明承诺会在一切事情上依从她。那些信没有被退回来，但是也没有回音。不过，星期天却有一个够明确的信号。一早K就透过钥匙孔发现玄关有种特别的动静，那动静随即明朗，是一名法文女教师搬进了布斯特娜小姐的房间。那是个德国人，姓蒙塔格，是个虚弱苍白、脚有点跛的女孩，之前自己住一个房间。接连几个小时都看见她踢踢跶跶地穿过玄关，她总是忘了还有件衣物、一条小毯子或是一本书，得专程去拿，再搬进新的住处。

当古鲁巴赫太太把早餐端来——自从她惹得K大发雷霆之后，再小的服务她也不让女佣去做——K忍不住跟她说话，这是五天以来第一次。“今天玄关里怎么会这么吵呢？”他一边倒咖啡一边问：“难道不能停止吗？一定偏偏要在星期天整理房间吗？”尽管K没有抬起头来看着古鲁巴赫太太，他仍旧察觉她松了一口气。她把K的问题理解为原谅，或是原谅的开端，哪怕这几个问题很严厉。“那不是在整理房间，K先生，”她说，“只是蒙塔格小姐要搬到布斯特娜小姐那儿去，正把她的东西搬过去。”她没有再往下说，而等待着K的反应，看他是否允许她说下去。K却考验着她，若有所思地用汤匙搅着咖啡，一言不发。然后他抬起头来看她，说："你已经放弃了你之前对布斯特娜小姐的怀疑了吗？""K 先生，"古鲁巴赫太太大声说，她一直在等着 K 问这个问题，双手交握，向 K 伸出去，"你把我随口说说的话看得太重了。我一点都没有想要伤害你或是哪个人的感情。你认识我都这么久了，K 先生，应该可以相信这一点。你不知道过去这几天我有多难过！居然说我诽谤我的房客！而 K 先生你竟然会相信！还说我应该跟你解约！跟你解约！"最后这一声呼喊已经泣不成声，她把围裙拉到脸上，大声地抽噎。

"你可别哭，古鲁巴赫太太。"K 说着，望出窗外，心里只想着布斯特娜小姐，想着她让一个陌生的女孩住进了她的房间。"你可别哭。"他又说了一次，当他朝着房间转回身来时，古鲁巴赫太太仍然在哭。"我当时的意思也没有这么严重。我们只不过是误会了彼此的意思，这种事就连在老朋友身上偶尔也会发生。"古鲁巴赫太太把盖在脸上的围裙拉到眼睛下，看看 K 是否真的和解了。"嗯，事情是这样的，"K 说，由于从古鲁巴赫太太的举止来判断，那个上尉什么也没有透露，此刻他便大胆地再加上一句："你真的以为我会为了一个陌生的女孩跟你结怨吗？""就是说嘛，K 先生，"古鲁巴赫太太说，她的不幸在于一旦她感到比较自在了，就马上会说出一些不得体的话来，“我一直问我自己：为什么K先生这么关心布斯特娜小姐？为什么他为了她而责备我，尽管他知道他说的每一句气话都会让我睡不着觉？除了我亲眼看见的事情之外，我没有说那位小姐什么。”

K没有答腔，他本来该用一句话就把她赶出房间，但是他不想这么做。他只是喝起咖啡，让古鲁巴赫太太感觉到自己的多余。外面又听见蒙塔格小姐拖着脚步的走路声，穿过了整个玄关。“你听见了吗？”K问，用手指着门。“听见了，”古鲁巴赫太太说，叹了口气，“我本来想要帮她，也想让女佣帮忙，可是她很固执，想要自己把所有的东西搬过去。布斯特娜小姐让我感到纳闷。蒙塔格小姐这个房客常常让我觉得累赘，布斯特娜小姐却让她住进自己的房间。”“这根本不需要你来操心。”K说着，把剩下的方糖压碎在碟子上。“这会对你造成什么损失吗？”K问。“不会，”古鲁巴赫太太说，“这件事本身是我乐见的，这样一来，我可以有一个房间空出来，让我的上尉外甥住进去。我已经担心很久了，怕他在最近这些日子里打扰到你，因为我必须让他暂住在隔壁的客厅里。他不是个小心周到的人。”“你怎么会这样想！”K说着，站了起来，“没这回事。你大概认为我这个人有些敏感过度，因为我受不了蒙塔格小姐这样走来走去——现在她又走回去了。”古鲁巴赫太太感到无助。“K先生，我该去跟她说，要她把剩下的搬迁工作延后吗？如果你这么希望，我马上去跟她说。”“可是她不是要搬到布斯特娜小姐那儿去吗？”K说。“是的。”古鲁巴赫太太说，不完全明白K的意思。“既然这样，”K说，“那她当然就得把她的东西搬过去。”古鲁巴赫太太只点点头。从表面上看来，这种沉默的无助就跟违抗没有两样，让K更为生气。他开始在房间里来回踱步，一会走到窗边，一会走到门口，让古鲁巴赫太太没有机会离开，她本来可能是要离开的。

当K又一次踱步到门边时，敲门声响起。是女佣来通报，说蒙塔格小姐想跟K先生说几句话，因此想请他到餐厅去，她会在那儿等他。K若有所思地听女佣说话，然后用近乎嘲讽的眼神望向吓坏了的古鲁巴赫太太。这个眼神似乎在说K早就料到蒙塔格小姐的这个邀请，而这个邀请也跟古鲁巴赫太太的房客在这个星期天上午给他的折磨很相称。他要女佣去回话，说他马上过去，然后走到衣柜旁去换外套，古鲁巴赫太太轻声抱怨那位烦人的小姐，K只请她把早餐的餐具端走，当作回答。“你几乎还什么都没吃。”古鲁巴赫太太说。“唉，你就把东西端走吧。”K大声说，他觉得仿佛一切都沾上了蒙塔格小姐，一切都变得令人厌恶。

当他穿过玄关，他望向布斯特娜小姐关着的房门。但是他并未受邀到那里去，而是被邀请到餐厅去，他没有敲门，就拉开了餐厅的门。

那是个狭长的房间，有一扇窗户，里面的位子只够在门这边的角落斜斜地放两个柜子，其余的空间则被那张长长的餐桌给占满了，那桌子始于门边，一直延伸到接近那扇大窗户的地方，因此几乎没办法走到窗边。桌上已经摆好了餐具，而且是许多人份的餐具，因为在星期天几乎所有的房客都在这里吃午餐。

当K走进来，蒙塔格小姐从窗边沿着餐桌向K走过来。他们无声地向彼此打了个招呼，然后蒙塔格小姐说："我不知道你是否认识我。"她把头挺得异常地直，她一向如此。K皱起眼睛看着她，说："当然认识，你住在古鲁巴赫太太这里已经很久了。""我以为你并不是很在乎这个公寓里的房客。"蒙塔格小姐说。"是不太在乎。"K说。"你不想坐下来吗？"蒙塔格小姐说。他们两个沉默地从餐桌末端拉出两张椅子，相对而坐。但是蒙塔格小姐旋即又站起来，因为她把手提袋搁在窗台上了，她拖着脚步走过整个房间，去把它拿回来。等她微微甩动着她的手提袋再走回来时，她说："我只是受我朋友的委托想跟你说几句话。她本来想自己过来，但是她今天有点不舒服。请你原谅她，听我来代替她说话。她能跟你说的和我将要跟你说的也不会有所不同，其实我想我能告诉你的甚至还更多，因为我跟这件事情无关。你不这么认为吗？""有什么好说的呢？"K回答，蒙塔格小姐的眼睛一直盯着他的嘴唇，这令他厌倦。她自以为能借此控制K将要说的话。"布斯特娜小姐显然不同意我想和她私下谈话的请求。"

"事情就是这样，"蒙塔格小姐说，"或者说事情根本不是这样，你把话说得太尖锐了。一般说来，谈话没有同不同意这回事，但是有可能有人觉得谈话没有必要，而现在正是这种情形。在你表示过看法之后，现在我可以把话摊开来说。你用书面或口头请求我朋友跟你谈一谈，而我朋友知道你想谈什么，至少我必须假定她知道。因此基于我所不知道的理由，她相信若是真的谈了，对任何人都没有用处。顺带一提，她是昨天才告诉我的，而且也只是粗略地提起，她说反正你也不可能太在乎跟她谈，因为你只是凑巧有了这个念头，就算没有特别加以解释，你自己也很快就会看出这整件事毫无意义——如果不是现在就看出的话。我答道她这样说也许没错，但是为了把事情完全澄清，我还是认为让你得到一个明确的答复比较好。我表示愿意接下这个任务，我朋友犹豫了一会儿，然后接受了我的建议。但愿我这样做也符合你的心意，因为即使是在最微不足道的事情上有一丝丝不确定，总也还是折磨人的，如果可以轻易地排除这份不确定，那么就还是立刻加以排除比较好。”

K马上说：“谢谢你。”他慢慢站起来，看着蒙塔格小姐，再从桌上望过去，望出窗外——对面那栋屋子立在阳光里——然后朝着门走去。蒙塔格小姐跟着他走了几步，仿佛不完全信赖他。然而，在门前他们两个都得向后退，因为门开了，蓝兹上尉走进来。K头一次从近处看见他，那是个高大的男子，大约四十岁，有一张晒黑而多肉的脸。他微微向两人鞠了个躬，然后走向蒙塔格小姐，恭敬地吻了她的手，动作十分熟练。上尉对蒙塔格小姐表现出的礼貌跟K对待她的方式形成强烈的对比。尽管如此，蒙塔格小姐似乎并没有生K的气，因为K觉得她甚至想向上尉介绍他。但是K不想被介绍，他无法对那上尉或是蒙塔格小姐表现出一丝友善，对他来说，上尉在她手上的那一吻把他们联合在一起，在无辜与无私的表象之下，他们不想让他接近布斯特娜小姐。而K认为他不但看出了这一点，也看出蒙塔格小姐所采用的手段虽然好，却是把双刃剑。她夸大了布斯特娜小姐与K之关系的意义，尤其是夸大了他央求跟她谈话这件事的意义，同时想把事情看成是K夸大了一切。她弄错了，K并不想夸大什么，他知道布斯特娜小姐只是个小小的打字员，长时间下来抗拒不了他。在这件事上，他故意不去考量他从古鲁巴赫太太那儿所听到的有关布斯特娜小姐的事。

他想着这一切，离开了餐厅，几乎没有打招呼。他本来想立刻回他自己的房间，可是他听见身后从餐厅里传出蒙塔格小姐的一声轻笑，这笑声让他有了个念头，也许他可以让那上尉跟蒙塔格小姐大吃一惊。他四下张望，竖耳倾听从周围的哪个房间里是否会有干扰出现，到处都很安静，只听得见聊天的声音从餐厅里传出来，另外从通往厨房的走道上传来古鲁巴赫太太的声音。看来是个好机会，K走到布斯特娜小姐的门前，轻轻地敲门。因为没有动静，他又敲了一次，但是仍然没有回答。她在睡吗？还是她果真身体不舒服？还是她假装不在，因为她有预感这样小声敲门的人只可能是K？K假定她是假装不在，敲得更重了一点，由于敲门也没有结果，最后他小心地把门打开，微微觉得自己做了一件不该做而且毫无用处的事。房间里没有人，而且那房间几乎不再像是 K 所认得的那个房间。如今在墙边放着两张床，一前一后，门边的三张椅子上堆满了衣物，一个衣橱敞着。布斯特娜小姐可能是趁蒙塔格小姐在餐厅里对 K 劝说的时候出门了。K 并不感到惊愕，他本来也就没期待能这么轻易地就碰到布斯特娜小姐，他做这个尝试几乎只是为了违抗蒙塔格小姐。当他再把门关上时，看见蒙塔格小姐和那上尉在餐厅打开的门里聊天，这让他更加难堪。也许他们在 K 打开了门之后就站在那里了，他们避免做出任何像在观察 K 的举动，轻声聊天，只用一般人在谈话时心不在焉地四下张望的目光追随着 K 的动作。然而 K 还是感觉到落在他身上这目光的沉重，急忙沿着墙壁走回他的房间。

检察官

长年任职于银行让K获得了识人的能力和社会经验，尽管如此，和他在酒馆里定期聚会的那群人却还是让他肃然起敬，而他从未否认过，能属于这样一个团体他深感荣幸。那群人几乎全是法官、检察官和律师，几个年纪尚轻的公务员和律师事务所助理也被允许加入，但他们坐在桌子的末端，而且只有在特别被问到时，才被准许插话。不过，其他人向他们提问通常只有一个目的，就是逗大家开心，习惯坐在K旁边的哈斯特尔检察官尤其喜欢用这种方式来让那几位年轻的先生感到尴尬。当他把毛茸茸的大手搁在桌子中央，手指叉开，转身面向桌子末端时，众人便竖起耳朵。桌子的那一端若是有人接受了这个问题，可是却根本不明白这问题的意思，或是若有所思地看着眼前的啤酒，再或者下颌一开一阖，却说不出话来，甚至是——这是最糟的情况——

滔滔不绝地支持一种错误或未经证明的看法，那些年纪较长的先生就会露出微笑，在座位上转动身子，仿佛这样才觉得舒坦。真正严肃的专业谈话只有他们才有资格进行。

K 加入这群人是由于一位律师的引介，那律师是银行的法律顾问。曾有一段时间，K 得跟这位律师在银行里长时间商谈直到晚上，于是他很自然地跟这位律师一起吃晚餐，跟律师习惯同桌的那群人一起，并且喜欢上他们。这群人都满腹学问，受人尊敬，在某一方面握有权力，他们的消遣在于设法解决跟日常生活关联有限的困难问题，为此绞尽脑汁。K 当然插不上什么话，尽管如此，他还是有机会得知许多事，这对于他在银行的工作迟早也会有好处。再说，他可以跟法院建立起私人关系，这种关系总是会派得上用场。而这群人似乎也很乐意让他加入。没多久他就被承认为生意上的专家，在这类事情上，他的意见被视为不可推翻，尽管这不无嘲讽之意。有不少次，当两个人对一个法律问题见解不同时，他们会请 K 表示意见，然后 K 的名字会在所有的发言与反驳中一再出现，被卷入再抽象不过的讨论之中，而 K 早已无法理解。不过，他渐渐明白了许多事，尤其是他身边有哈斯特尔检察官这个好顾问。检察官也跟他建立起非常亲密的友谊，K甚至经常在夜里陪他走路回家，但他还是不习惯手挽着手走在这个高大的男子身旁，那检察官简直可以把K藏在他的斗篷下，而不至于引人注意。

然而，随着时间的流逝，他们契合的程度消除了教育、职业和年龄上的所有差异。他们互相来往，仿佛他们一向就彼此相属，而在他们的关系中，若是偶尔有一个人在表面上看来占了优势，那么那个人不是哈斯特尔，而是K，因为他的实务经验多半是正确的，由于它们是K直接取得的经验，这是从法院的办公桌上永远无法取得的。

这段友谊在那一桌人当中自然很快就为人所知，大家多半已经忘了当初是谁把K带进这群人里的，总之，如今庇护K的人是哈斯特尔。假如有人怀疑K坐在这里的资格，K大可以请哈斯特尔当证人。由于如此，K取得了很优越的地位，因为大家对哈斯特尔既尊敬又畏惧。他身为法学家的思考力和老练固然令人钦佩，但是在这一点上，有好几位先生至少跟他不相上下，然而，他为自己的看法激辩的那份狂热没人比得上。K觉得哈斯特尔若是无法说服他的对手，那就至少要让对方害怕，单单是他伸出的食指就让许多人退缩。仿佛对手忘了自己是置身于好友及同事之间，忘了他们讨论的其实只是理论上的问题，忘了绝对不会有什么事发生在他身上——他赶紧闭上嘴巴不再说话，而敢于摇头就已经算是很有胆量了。那个场面几乎令人难堪，如果对手坐得很远，哈斯特尔看出隔着这么远的距离不可能达成意见一致，他就把盛着食物的盘子往前一推，慢慢站起来，打算亲自去找那个人。坐在他旁边的人就会把头向后仰，以观察他的表情。不过，这种冲突并不常发生，尤其是几乎只有法律上的问题会令他激动，而且主要是那些涉及他曾经处理过或正在处理中的诉讼案的法律问题。如果谈论的不是这种问题，他就和气而冷静，笑容可掬，把热情专注在食物和饮料上。有时候，他甚至根本没去听大家在聊什么，而转身面对 K，把手臂搁在 K 的椅背上，小声询问他银行里的工作，然后谈起他自己的工作，或是谈起他认识的一些女士，她们带给他的苦恼几乎跟法院一样多。

没人见过他跟这群人当中的其他任何人这样交谈，而事实上，如果有人想请哈斯特尔帮忙——通常是促成跟一位同事和解——他们常常先来找 K，请他代为斡旋，他也总是很乐意，而且可以轻易做到。而且 K 对每个人都谦虚有礼，并未利用他跟哈斯特尔的关系，而比礼貌和谦虚更重要的是，他懂得正确区分那些先生的阶级等级，按照每个人的等级来对待他们。当然，在这件事情上哈斯特尔一再教导他，这是哈斯特尔就连在最激动的辩论中也不会触犯的唯一规矩。因此，对于那几个坐在桌子末端、几乎还谈不上身份地位的年轻人，哈斯特尔只会泛泛地跟他们交谈，仿佛他们并非个体，而只是被捏在一起的一团。然而，正是这几位先生对他最为尊敬，当他在十一点左右站起来，准备回家时，马上就有一个人协助他穿上厚重的大衣，另一个则深深鞠躬，去替他把门打开，而且当然也继续把门拉着，直到K跟在哈斯特尔身后离去。

刚开始时K会陪哈斯特尔走一段路，或是由哈斯特尔陪K走一段路，到后来，在这些夜晚结束时，哈斯特尔往往会邀请K到他的住处坐一会儿。然后他们大概还会坐上一个小时，喝烈酒，抽雪茄。哈斯特尔很享受这些夜晚，就连在一个名叫海莲娜的女人住在他那儿的那几周里，他也不愿意放弃。那是个有点年纪的胖女人，肤色泛黄，黑色的鬈发遮住额头。起初K看到她时她都在床上，她通常一点也不害羞地躺在那里，习惯读一本通俗小说，不去理会那两位男士的谈话。等到夜深了，她才伸展四肢，打着呵欠，如果她无法用其他方式引起哈斯特尔的注意，就会拿一本小说朝他扔过去。哈斯特尔就会微笑地站起来，而K就告辞离去。不过，等到哈斯特尔对海莲娜开始感到厌倦时，她这样做就显然打扰了他们的会晤。她开始打扮整齐地等待这两位先生，通常会穿上一件她大概觉得很珍贵、很合身的衣服，但事实上那是件老旧的晚礼服，一排作为装饰的长流苏尤其刺眼。K根本不知道这件衣服确切的样子，可以说他拒绝去看她，当她扭腰摆臀地穿过房间，或是坐在他旁边时，他都垂下眼睛坐在那儿，后来当她的地位越来越不保，她甚至想借由向K示好来引起哈斯特尔的嫉妒。她用赤裸的肥厚背部倚在桌边，把脸凑向K，想迫使他抬起目光，但那只是出于无计可施，而非恶意。她这样做的结果是使得K下一回拒绝到哈斯特尔那儿去。等他过了一段日子再度前往时，海莲娜已经被彻底送走了，而K把这视为理所当然。在这个晚上，他们待在一起特别久，在哈斯特尔的提议下，庆祝两人的亲密友谊，由于抽烟和喝酒，K在回家的路上几乎有点晕眩。

就在第二天早上，银行行长在谈公事时提到他昨天晚上好像看到了K，如果他没有看错的话，K跟哈斯特尔检察官手挽着手一起走。行长似乎觉得这件事很奇怪，还说出了那座教堂的名字，他就是在那座教堂侧面靠近水井之处看见了K，而这也符合他一向的细心。行长叙述这件事的方式就像在描述自己见到了海市蜃楼。于是K向他解释，说那位检察官是他朋友，说他们昨天晚上的确从那座教堂旁边走过。行长露出诧异的笑容，请K坐下。

在这样的时刻，K格外喜爱行长，在这些时刻里，那个虚弱有病、不停咳嗽、肩负着重责大任的人对K的幸福与前途流露出关怀，不过，在行长那儿有过类似经验的其他职员则认为，这种关怀只是一种高明的手段，花两分钟的时间就能让有价值的职员长年累月对他死心塌地——不管怎么样，在这些时候，K甘居下风。也许行长跟K说话的方式不同于跟其他人说话的方式，因为他并非忘了自己身为上司的地位，想以这种方式来亲近K——在平常的公事往来上他反倒经常这么做——而是仿佛忘了K的地位，像在跟一个小孩说话似地跟他说话，或是像在跟一个无知的年轻人说话，这年轻人才刚来应征一个职位，而基于某种无法理解的原因引起了行长的好感。假如他不是觉得行长这份关怀是真心的，假如他不是至少为了这份关怀的可能而深深着迷——这种在这些时刻所显现出来的可能——那么K肯定不会容忍别人用这种方式对他说话，不管是行长还是其他人。

K看出了自己的弱点，这个弱点的原因也许在于他在这方面的确还有一点孩子气，由于他自己的父亲很年轻时就去世了，他从未体验过父亲的关心，而他早早就离开了家，对于母亲的温柔，他总是倾向于拒绝。半盲的母亲还住在那个不曾改变的小镇上，他最后一次去探望她大约是在两年前。“我还根本不知道你跟他是朋友。”行长说，只有一抹浅浅的和气微笑淡化了这话的严厉。

去找艾尔莎

一天晚上，K快要下班前接到电话，对方要求他立刻前往法院办事处，并且警告他不要不听话。他曾说过那些放肆的话，说审讯没有用处，没有结果，也不会有结果，说他不会再到那里去，也不会理睬电话或书面传唤，说他会把信差轰出门外——对方说这些话全都被做成笔录，已经对他造成了很多损害。他为什么不愿意顺从呢？他们不是努力——一点也不计较时间和花费——把他这桩棘手的官司理出头绪吗？难道他想故意加以干扰，迫使他们采取到目前为止不曾用在他身上的强制性措施？今天的传唤是最后一次尝试。他想怎么做就怎么做，但是要考虑到高等法院不会任由他戏弄。

可是这个晚上K已经通知了艾尔莎他将去拜访，单单是基于这个理由他就无法到法院去。他很高兴可以拿这个理由来替自己没在法院出现做辩解，就算他当然永远用不上此一辩解，再说，即使他今天晚上没有半点别的事，他很可能也不会到法院去。无论如何，由于意识到自己的权利，他在电话里问，如果他不去的话，会发生什么事，“我们会知道要怎么找到你。”对方回答。“那我会受到惩罚吗？因为我没有自愿前往？”K问，露出微笑，预料到自己将会听到什么。“不会。”对方回答。“好极了，”K说，“那么我有什么理由要接受今天的传讯呢？”“通常不会有人去挑衅法院，让法院把强制手段用在自己身上。”那个声音说，逐渐变弱，终至消逝。“不这么做太不谨慎，”K在离开时心里想，“应该要设法认识那些强制手段才对。”

他没有迟疑，就搭车到艾尔莎那儿去。他舒服地靠在车内一角，双手插在大衣口袋里——天气已经开始变凉了——眺望着热闹的街道。他感到心满意足，想到他给那法院制造了不算小的麻烦，如果那法院果真在工作的话。他没有明说自己会不会到法院去，所以法官在等待，也许整个会场的人都在等待，只不过K不会出现，这将使回廊上的人大失所望。他不受法院影响，搭车去他原本想去的地方。有那么一瞬，他不确定自己是否由于心不在焉而给了车夫法院的地址，因此他大声向车夫喊出艾尔莎的地址。车夫点点头，他并没有听到别的地址。从这时候开始，K渐渐忘了法院，而有关银行的思绪开始填满他的脑海，就跟从前一样。

与副行长对抗

一天上午K自觉比平常更有精神，也更有抵抗力。他几乎没去想法院，而他若是想起来，那么他会觉得似乎可以轻易抓住这个看不透的庞大组织的某一个把柄，把它拉出来击垮，只不过这个把柄藏在黑暗中，得要先摸到。K这种不寻常的状态甚至诱使他去邀请副行长到他办公室来，一起商量一件早该处理的公事。在这种时候，副行长总是装作他跟K的关系在过去这几个月里没有丝毫改变。他平静地过来，就跟从前不停地跟K竞争时一样，平静地聆听K讲述，用亲昵、几乎像伙伴般的评语来表示他的关注，唯一令K不解的是什么都无法把他的注意力从那件主要公事上移开，——但有可能他并不是故意的，他好像全心全意准备接手这件事。面对这种善尽职责的典范，K的思绪却立刻向四面八方漫游，迫使他几乎毫无抵抗之力，自动把事情交给副行长处理。

有一次情况更糟，到最后K只察觉副行长突然站了起来，一言不发，走回他的办公室。K不晓得发生了什么事，有可能是谈话的确结束了，但也可能是副行长中断了谈话，因为K在毫无意识的情况下得罪了他，要么是因为K说了什么愚蠢的话，或是因为副行长确认K没有在听，而在想着别的事。甚至也可能是K做出了一个可笑的决定，或是副行长诱使他做出了这个可笑的决定，他此刻还急着去付诸行动来打击K。之后他们不会再谈起这件事，K不想提醒他，副行长则始终闭口不谈；不过，暂时也没有出现什么看得见的后果。

无论如何，K并没有被这个意外事件吓倒，只要一有合适的机会，只要他还有一点精力，他就又站在副行长的门边，打算走到他那儿，或是邀请他过来。K没有时间再像从前一样在他面前掩藏自己。他不再期望具有决定性的快速成功，能够一举让他摆脱所有的烦恼，并且自然而然地恢复与副行长之间的旧日关系。K看出自己不能放松，现实也许要求他退缩，但他若是退缩，说不定就再也无法前进。不能让副行长以为K已经被解决了，不能让他怀着这种信念平静地坐在他的办公室里，K必须让他感到不安，必须尽可能经常让他得知K还活着，就跟所有活着的东西一样，有朝一日能以新的能力来让人大吃一惊，哪怕K如今显得丝毫不具危险性。虽然有时候K会对自己说，用这个方法，他所争的只不过是他的荣誉，因为如果他一再用自己的弱点去跟副行长对抗，让对方自觉更有力量，给对方机会来观察他，来随机应变，这对他并没有什么好处。然而K根本无法改变自己的行为，他陷于自欺，有时候他坚信自己可以放心地跟副行长较量，再不幸的经验也无法让他学到教训，试了十次也没成功的事，他认为第十一次就能成功，尽管一切始终一成不变地以不利于他的方式进行。当他在这样一次会晤之后筋疲力竭，满身大汗，脑中一片空白时，他不知道把他推向副行长的是希望还是绝望，可是下一次，他又完全确定自己急忙走到副行长门边时心中只怀着希望。

今天也是这样。副行长立刻走进来，然后在门边站住，按照最近养成的习惯擦拭他的夹鼻眼镜，先看看K，而为了不要太明显地关注K，也更仔细地看看整个房间，仿佛是利用这个机会来检测视力。K顶住他的目光，甚至微微露出笑容，请副行长坐下，自己也迅速在高背椅上坐下，把椅子尽量朝副行长挪近，同时把必要的文件从桌上拿过来，开始做报告。起初副行长似乎根本没在听。K办公桌的桌面有一圈雕刻出来的小柱子，那整张桌子做工很细，那圈小柱子也牢牢地嵌在木头里，可是看样子，副行长好像偏偏在此刻注意到那里有一处松动，尝试用食指去敲那根小柱子，想排除那个缺陷。看到这个情形，K想要暂停报告，但是副行长不容许，说他把一切都听得很清楚，也都能理解。K一时无法强求他说出任何具体的意见，而那根小柱子似乎需要特别的处理，因为副行长掏出了折叠小刀，拿K的尺当平衡杠杆，想把那根小柱子撬起来——可能是撬出来之后更容易重新插进去。K在报告中提出了一个全新的建议，希望这个建议能对副行长发挥特别的作用，当他说到这个建议时，他根本停不下来，完全被自己的工作所吸引，或者应该说，他很高兴能感觉到自己在这银行里还有一点重要性——这种自觉如今越来越少出现，而他的思绪还有力量来证明他存在的价值。也许这种自我辩护的方式不仅在银行里是最好的，在他的官司中也是最好的，也许远胜过他已经尝试过或计划要作的任何其他辩护。

K说得很急促，根本没有时间把副行长的注意力从那根小柱子上移开，只有两三次他在念报告时，用空着的那只手去摸那根小柱子，像是在安抚，为了在几乎不自觉的情况下，向副行长表示那个小柱子没有缺陷，而就算有缺陷，此刻聆听报告要比所有的修理更重要，也更得体。但是这种手工艺般的工作激发了副行长的热情，这种情形常会发生在只从事脑力工作的人身上，那小柱子也果真被拉出了部分，现在得要把那些小柱子再塞回所属的洞里。副行长站起来，用两只手尝试把那些小柱子压进桌面，但尽管他用尽全力，还是无法成功。K还在念报告——他在念的时候夹杂了许多自由发挥——只隐约地察觉副行长站了起来。虽然副行长在旁边所做的事几乎从不曾离开他的视线，他却仍然假定副行长的动作总还是跟他的报告有点关系，于是他也站了起来，用手指按在一个数字下方，把一份文件朝副行长递过去。但此刻副行长看出两只手的力量还不够，于是当机立断，用全身的重量往那些小柱子压下去。这下子的确成功了，那些小柱子喀嚓一声插进了洞里，但是在仓促中，一根小柱子折断了，而且桌面精致的上层边框在一处断成两截。“差劲的木料，”副行长生气地说，不再管那张办公桌，坐下了。

那栋屋子

K趁着不同的机会打听，在他的官司中，最早检举他的是哪个机关，虽然他这样做起初并没有什么特定的用意。他也毫无困难地得知了，提托瑞里和沃夫哈特都在他第一次问起时就把明确的门牌号码告诉了他。后来提托瑞里又针对此一资讯加以补充，带着一种微笑，每次他有不想让K知道的秘密计划时就会露出这种笑容，他声称这个机构根本不重要，它只是负责说出被交代的事，只是那个大型检察机关最外围的机构，而那个检察机关是当事人去不了的。所以，如果有人对那个检察机关有什么要求——当然，要求总是有很多，但是将之表达出来并不见得明智——那么自然必须向那个低阶机构提出，不过，这样做既无法让人进入真正的检察机关，也永远无法把他的要求传达过去。

K已经了解画家的个性，因此并未反驳，也不再进一步打听，只是点点头，表示他听到了画家刚才所说的话。他又一次觉得就折磨人而言，提托瑞里比起那个律师有过之而无不及，在最近这段时间里，他已经好几次有这种感觉。差别只在于，K 受制于提托瑞里的程度比较轻，只要 K 高兴，随时可以直截了当地把他甩开。此外，提托瑞里非常爱说话，简直就是多嘴——就算现在不比以前更多嘴——而 K 也大可以反过来折磨提托瑞里。

而 K 也这么做了，他经常用一种仿佛他有事瞒着提托瑞里的语气谈起那栋屋子，仿佛他跟那个机构建立了关系，又仿佛那些关系还没进展到可以放心地让人知道的程度，提托瑞里若是催促他做进一步的陈述，K 就突然转移话题，久久不再谈起此事。这种小小的成功带给他的喜悦，让他自以为如今已经更加了解法院周边的这些人，已经可以玩弄他们，甚至自己也加入了他们——至少暂时获得了较佳的综观能力，在某种程度上，他们站在法院的第一个台阶上，让他们得以有此综观能力。如果最后他失去了在这底下的位置又有什么关系？在那种情况下仍然有得救的机会，他只需要钻进这群人的行列之中，就算他们由于本身地位低微或是其他原因而无法在他的官司里帮上忙，他们还是可以接纳他，把他藏起来。没错，如果他周详而秘密地进行一切，他们根本无法拒绝用这种方式来为他效劳，提托瑞里尤其拒绝不了，毕竟K如今已成了他的熟人和赞助人。

K用这种希望或类似的希望来填补自己的内心，不见得是每天，一般说来他还是会明确加以区分，避免疏忽或略过任何一个问题，可是有时候——大多是在晚上下班后，在筋疲力尽的状态下——他需要从当天最微不足道而且含义最为模糊的事件里得到安慰。这种时候他通常躺在办公室的沙发上——如今他非得在沙发上休息一个钟头，才能够离开办公室——在思绪中把一个个观察连接起来。他的思绪并没有谨慎地局限于那些跟法院有关的人身上，在这种半睡眠状态中，所有的人都混杂在一起，而他便忘了法院的庞大业务，觉得自己仿佛是唯一的被告，其他人都混乱地走着，公务员和司法人员走在一座法院大楼的走道上，就连最迟钝的人也收起下巴，撅起嘴唇，带着沉思的目光，目光中充满责任感。于是古鲁巴赫太太的房客总是以一个团结的整体出现，他们头碰着头并肩站立，张大了嘴巴，像一个正在控诉的合唱团。他们之中有许多人K并不认识，因为已经有很长一段时间K完全不去管那间公寓里的事了。而由于那许多不认识的人，要K更进一步与这群人交往让K觉得不自在，可是他偶尔必须这么做——如果他想在那里找到布斯特娜小姐的话。

有一次，他的目光从那群人身上扫过，一双全然陌生的眼睛突然向他发光，留住了K的视线。但他仍然找不到布斯特娜小姐，当他为了避免疏漏而再次寻找时，他在那群人的正中间找到了她，她手臂搂着站在身旁的两位先生。这给他的印象极其模糊，这一幕他曾经看到过，是他有一次在布斯特娜小姐房间里看到过，那是一张浴场沙滩上的照片——照片给K留下了深刻的印象。

无论如何，这一幕让K离开了那群人，尽管他还会经常回到这一幕，现在他却迈着大步在法院大楼里横冲直撞。他对所有的空间十分熟悉，他不可能见过的偏僻走道也让他觉得熟悉，仿佛他一直以来就住在这里，种种细节一再以令人痛苦不堪的清晰挤进他脑中，例如，一个外国人在一个前厅里散步，打扮得像个斗牛士，腰部像是被刀子给削了进去，外套很短，僵硬地裹在身上，有泛黄的粗线花边，K一直惊奇地注视着这个男子，这男子却一刻也不曾中止散步。K弯下身子，蹑手蹑脚地绕着他走，费力地睁大了眼睛，惊奇地盯着他看。他认得那花边的所有图案，认得每一根有缺陷的流苏，认得那件小外套的所有弧线，却还是看不够。事实上应该说他早已经看够了，或者更正确地说，他根本从来就不想去看，但却无法把目光移开。“外国人表演的一场化装游行！”他心想着，把眼睛睁得更大了。而他继续跟着这个男子，直到他在沙发上猛然转动身体，把脸埋进沙发的皮面里。

搭车去看母亲

吃午餐时他突然想到自己该去探望母亲。如今春天即将过去，而他没去看她已经第三个年头了。当年她请他在他生日时去看她，而尽管有一些阻碍，他还是满足了她这个请求，甚至承诺将在她那儿度过每一个生日，但如今这个承诺他已经失约了两次。因此，现在他不想等到他的生日，而想马上搭车前往，虽然再过十四天就是他的生日了。尽管他对自己说，并没有什么特别的理由偏偏要在现在前往，正好相反，每两个月固定从一个亲戚那儿得到的消息比以前任何时候都令人心安，那个亲戚在母亲所住的小镇上拥有一家店，帮忙管理 K 寄给母亲的钱。虽然母亲的视力越来越差，但是 K 依据医生的陈述，从好几年前就已经预料到了，相对于此，她身体的其他情况却好转了，老年的各种毛病并没有变得更严重，反而减轻了，至少她不是经常抱怨。按照那位亲戚的看法，这也许跟她这几年来变得极为虔诚有关——K上一次去探望时，就已经不太情愿地注意到些许征兆。那亲戚在一封信里十分生动地描述，那位从前只能吃力地拖着步子走动的老太太如今在星期天他陪她上教堂时，挽着他的手臂走得相当好。而K可以相信那位亲戚的话，因为那人平时都忧心忡忡，在报道中倾向于夸大坏事而非好事。

但是不管怎么样，现在K决定搭车前往。最近，在其他不顺心的事情当中，他发现了一件可悲的事，他几乎毫无理由地想满足自己所有的心愿——嗯，就这件事而言，这个坏习惯至少是为一个正当的目的效劳的。他走到窗前，想稍微集中一下思绪，随即请人把午餐端走，派工友到古鲁巴赫太太那儿去通知她他即将启程，顺便去拿那个手提包，请古鲁巴赫太太把她认为必要的东西装进去，然后为了他不在的这段时间交代了库纳先生几件公事。库纳先生歪着头接下这些任务，这是一种已经成了习惯的坏毛病，仿佛他很清楚自己该做什么，而把这种任务分派只当成一种仪式来接受，但是这一次K几乎并未因此生气。最后他到行长那儿去。当他向行长请求休假两天，由于他得去看他母亲，行长自然而然地问道K的母亲是否生病了。“没有。”K回答，没有做进一步的解释。K站在房间中央，双手交迭在背后，皱起眉头思索。难道他过于仓促地做了出发的准备吗？留在这里会不会比较好呢？他想在母亲那儿做什么呢？难道他是出于多愁善感而前往吗？由于多愁善感他可能耽误了某件重要的事，一次干预的机会，毕竟这个机会如今每天、每个小时都可能出现，那桩官司已经看似停顿了好几个星期，几乎没有什么确定的消息传到他这儿来。再说，他会不会把他的老母亲吓一跳呢？他当然无意去吓她，可是这很容易违反他的意愿而发生，因为如今有这么多事情违反他的意愿而发生。况且母亲根本没有盼望他去。从前，那个亲戚在信里定期重复母亲的殷切邀请，如今已经很久没提了。也就是说，他并非为了母亲的缘故而去，这一点很清楚。而他若是抱着某种希望，为了他自己的缘故而去，那么他就是个彻头彻尾的傻瓜，将在最终的绝望中得到他这种愚行的报应。然而，这些疑虑仿佛都不是他自己的，只是陌生人想要让他明白这些疑虑，他随即清醒过来，坚持自己原来的决定。在这段时间里，行长凑巧俯身在一份报纸上，也可能他这样做是出于对K的特别体谅，此时他也抬起眼睛，站起来跟K握手，祝他旅途愉快，没有再提出别的问题。

接着K在他的办公室里来回踱步，等待那工友回来，副行长好几次进来询问K启程的原因，K几乎无言地把他赶走，等他终于拿到了手提包，他立刻走下楼，往那辆事先叫好的车子走去。他已经走在楼梯上，在最后一刻，职员库利希还出现在上头，手里拿着一封刚起了头的信，显然想请求K针对这封信做出指示。虽然K向他挥手表示拒绝，但是这个金发大脑袋的人反应迟钝，误会了K那个手势的意思，挥舞着那张纸，不顾生命危险，大步跟在K后面冲下楼来。这让K大为恼怒，乃至于当库利希在露天台阶上追上他，K把信从他手里拿过来撕碎了。之后当K在车里回头去看，库利希还站在原来的位置上，可能还始终没认清自己所犯的错误，目送着车子驶离，在他旁边的门房则摘下了便帽向K敬礼。所以说，K毕竟还是这家银行的高阶职员，如果他想否认这一点，那个门房就会反驳他。而他母亲甚至认为他是银行的行长，不论他如何反驳她都这么认为，而且她这样认为已经很多年了。在她看来，不管他的声誉蒙受了多少损害，他都不会沉沦。他刚好在出发前说服了自己，他仍旧可以从一个职员手中拿过一封信，把它撕碎，无须任何借口，甚至是一个跟法院有关系的职员，这也许是个好兆头。不过，他最想做的事他却不能去做，就是朝着库利希苍白的圆脸用力地揍上两拳。

附录

《审判》波兰文版跋[①]

布鲁诺·舒兹[②]

在卡夫卡生前得以出版的作品有如凤毛麟角。由于卡夫卡对自己的作品抱着重大无比的责任感，并且以崇高的、宗教般的神圣态度看待创作，这使得他无法满足于任何成就，只能一篇又一篇地扔弃那些充满神来之笔的杰作。只有一小群好友才有机会在那时候就看出，卡

---

① 本文由波兰文直译。许多资料都误传波兰作家布鲁诺·舒兹(Bruno Schulz)是《审判》波兰文版本的译者，但其实真正的译者是他的未婚妻乔瑟芬娜·谢琳丝卡（Józefina Szelińska)，舒兹只是负责润稿和写跋。然而在书中挂名翻译的却是舒兹，推测应该是出版社想要借用舒兹的名气。本文译者为林蔚昀，一九八二年生，台北人，译有布鲁诺·舒兹的《鳄鱼街》。现居波兰克拉科夫。

② 布鲁诺·舒兹，出身于德罗活贝奇的波兰犹太裔作家，被誉为波兰二十世纪的文学瑰宝。其风格魔幻动人，充满对生活的细微观察以及不可思议的奇想。舒兹一生只写了两部短篇小说集《鳄鱼街》（*Ulica Krokodyli*）和《沙漏下的疗养院》（*Sanatorium pod klepsydrą?*)，以神话的方式描写自己的童年以及家人（最出名的就是那个不断死去活来、蜕变成各种奇怪生物的父亲)。其作品风格经常被人拿来和卡夫卡、普鲁斯特比较。

夫卡即将成为一位格局宏伟的创作者，他把那终极的任务揽到身上，辛苦地奋斗，试图解决最深奥的课题。对卡夫卡来说，创作从来就不是目的本身，而是带领他抵达最终真相的途径，让他可以找到人生的正道。卡夫卡命运的悲剧是，虽然他终其一生抱着绝望的热情寻找、渴望攀附到信仰的光芒之上，他却无法找到它。虽然不愿意，他的命运还是走入了幽暗之地。这可以解释为什么在临终之际，这位早逝的创作者交代密友马克斯·布罗德（MaxBrod）将其创作尽数销毁。作为卡夫卡的遗嘱执行人，马克斯却决定违反死者的遗愿，反而将那些幸存的作品陆续分成好几册出版，奠定了卡夫卡作为这个时代伟大心灵的地位。

卡夫卡丰富又强烈的创作——在早期就十分完整成熟——其实从一开始就是来自于深刻的宗教体验。他的作品正是在这种体验激发之下，所创造出来的记述及见证。卡夫卡的目光总是被那凌驾于世俗之上的、神性的意义所吸引，他以这样的目光看见隐藏的现实，带着研究的热忱探索它深沉的秩序、组织和架构，测量人性和神性之间的界线到底在何处。他是歌颂神之秩序的诗人，说真的，这实在是一个很奇怪的文类。即使是最极端的诽谤者和讽刺作家，也无法像卡夫卡那样把那个世界描写成如此揶揄讽刺、变形、表面上看起来那么荒诞可笑的样子。在卡夫卡心目中，神性世界的崇高无法以别的方式表达——只能把它表现成否定人类世界的强大力量。神性世界的秩序离人类的秩序如此遥远，超越所有人类可理解的范畴，它的崇高在人类眼中成了负面的力量，遭受到他们暴烈的反抗和情绪性的批评。话说回来，人类在面对这些力量的夺权时，除了抗议、不能理解以及一面倒的批评之外，还会有什么反应呢？

《审判》的主角在他的案件初次开庭审理的时候，就是这么咄咄逼人地大肆批评了法院。他夸张地攻击它，表面上有效地把它痛批了一顿，从被告的身份转换成原告。从人类的眼光看来，法院陷入了尴尬的处境，变得退缩、无助。这份无助，完美地表现出法院的崇高和人类世俗事务之间的不平衡。这一切都让满脑子改革念头的主角感到兴奋，这又加剧了他的自大与狂热。盲目的人类就是以这种方式去面对神之力量的侵袭的：他们夸大自我，把古老的傲慢披在身上——然而，这份傲慢并不是引起神之愤怒和天谴的原因，而是它的副产品。约瑟夫·K觉得自己比法院高尚百倍，法院那些虚有其表的欺骗手段和阴谋让他觉得恶心。他于是试图用国家利益、文明和工作来反驳它。真是可笑的盲目！他的高尚和权利无法保护他，让他免于面对那已经无法避免的审判。审判深入他的生命，仿佛完全凌驾于他的高尚及权利之上。约瑟夫·K感到审判像一个紧箍咒，在他身上越收越紧。不过，他没有停止做梦，仍然相信他可以避开这场审判，在它所触及的范围外生活。他哄骗自己：他可以通过女人走旁门左道，从法官那里得到些什么（在卡夫卡笔下，女人是人与神之间的连结），或者通过那名好像和法官有点关系的画家——乞丐。卡夫卡就以这种方式不遗余力地批判、取笑人类在面对神之秩序时所采取的那些绝望、可疑的行为举止。

约瑟夫·K的错误是，他顽固地坚持自己的人类权益和正当性，而不是一句话都不说地乖乖投降。他孜孜不倦、不断改写给法院的答辩书，每天都想办法向法院证明他那无懈可击、人类的不在场证明。这所有一切努力和“通过法律途径解决”的意图最后全都诡异地落入徒劳无功的陷阱，完全无法到达法院高层。人类竭尽所能想要和这个各部分不成比例、表面凹凸不平、内部充满矛盾的世界建立关系，然而这一切一点用处都没有，只会造成误会。两者之间不会有任何交集，所有的尝试只是旁敲侧击，无法切入重点。

在倒数第二章（这仿佛是整个故事的关键），透过监狱神父的寓言，整件事的另一个面相浮现了出来：并不是法律压迫罪人，而是人终其一生在寻找“法律的入口”。看起来，法律似乎在人类面前隐藏自己，严密地把自己守在崇高、不可碰触的领域，同时秘密地防范人类侵入内部盗取神圣事物的意图。在这个美妙的寓言之中，监狱神父扛起了捍卫法律的任务。他在诡辩、狡诈和愤世嫉俗的边缘游走，虽然看似和这些东西同流合污，但其实这却是他身为一个法律爱好者最为严苛的试炼，他看似否定了法律，但事实上他是为达成法律的目的而做出了最大的牺牲。

在《审判》中，卡夫卡用某种抽象的手法，向我们展示了法律是如何侵入人类的生命的。他没有用任何现实生活中的个案来诉说它，到最后，我们还是无法知道约瑟夫·K 到底犯了什么罪，我们更不知道，他的人生是为了找到什么样的真相而存在的。卡夫卡只给了我们一种整体的氛围和调性——人类的生命碰触到至高的神性真相。本书最高的艺术成就是，卡夫卡为这些人类语言无法捉摸、无法叙述的事物找到了适当的表达形式，找到了某种物质上的替代品，并且在里面打造出这些事物的结构，甚至连最微小的地方都不要遗漏。

卡夫卡在书中渴望向读者传递的这些发现、洞见和剖析，其实并不只是他个人的创见，而是所有时代和国度的神秘主义者的共同遗产。他们总是用主观、随机、特属于某种社团和秘密团体的语言来诉说这件事。然而这一次，卡夫卡用诗的魔法，首次创造出某种平行现实、某个诗意的实体，并且在上面展现了这些事物。虽然他没有讲到这些事物的内容，但是透过这种方式，即使是最虔诚的神秘主义者，都能感受到那来自遥远崇高事物的吹拂，对他们来说，《审判》即是他们核心经验的诗意体现。

从这个角度看来，卡夫卡的手法——即，创造一个平行的、代替的拟象现实——确实是前无古人。他靠着运用某种伪写实主义（关于这个可以另外写一篇文章来研究）成功创造出现实的拟态。卡夫卡具有超乎常人的慧眼，能够清楚看见现实那写实的表层，闭着眼睛都说得出它的运作模式、外在事件和情境的技术，它们之间的咬合及交缠……但是对卡夫卡来说，这只不过是松松垮垮披在上头的皮毛，根本没有生根。它可以像一层薄膜一样轻易地被拿起来，然后被放到他所创造的那个不可捉摸的世界里，嫁接到那个世界的现实中。它和现实的关系是完完全全讽刺的，充满了危险和恶意（虽然表面上看起来很安全）——就像是魔术师和其道具的关系一样。卡夫卡刻意营造出这份现实的精准、严肃与一丝不苟，为的只是能更加彻底地嘲笑它。

卡夫卡的作品并不是托寓的图像、说教或是某种学说的注释眉批，而是一个独立的诗意现实，从每个面相看来都圆满、完整，具有自己的法则并能自圆其说。除了一些神秘主义的暗喻和宗教的直觉，卡夫卡的作品有着自己诗意的生命——具有多重含义，不可捉摸，无论什么样的诠释都无法将它完全掌握。

当马克斯·布罗德在一九二〇年从卡夫卡手上接过《审判》时，这个作品还没有完成。本来，还有几个不完全的章节应该出现在最终章之前，但是布罗德根据卡夫卡生前所做的陈述，把它们抽掉了。卡夫卡指出：这场审判在设定中就是没有结束的，后续的审理对于案件的本质意义来说已经无关紧要。

写于一九三六年

《审判》手稿版后记

麦尔坎·帕斯里①

一九一四年八月，在解除婚约之后不久，卡夫卡开始写作《审判》这本小说。他在八月十五日写道：“如今我不像两年前那样得以全身心投入工作中，但我毕竟还是找到了一种意义，我规律、空洞、疯狂的单身汉生活有了存在的合理性。”在头两个月里，他写出了足足两百页的手稿，但写作随即停滞；等到一九一五年元月底，卡夫卡终于将这部未完成的小说搁置，比之前他只多写了不到一百页。

这部作品中，唯一让作者认为值得出版的是所谓的“守门人故事”，或是“传说”，出自“大教堂”那一章。

① 麦尔坎·帕斯里（Malcolm Pasley，1926—2004），帕斯里爵士，英国学者，曾在牛津大学教授德语文学，被视为卡夫卡专家。

这个故事给了他特别的“满足感与幸福感”，他曾以“在法律之前”为题，于他仍在世时多次发表。对于《审判》这部小说的主干，他则一点也不满意。“保存这种‘即便’在艺术上都失败了的作品有何意义?”他在一九一八年初写给朋友马克斯·布罗德的信里这样说，布罗德之前请求卡夫卡把手稿给他。幸好布罗德的看法不同；在一九二一年的一篇文章里，布罗德称《审判》为卡夫卡最伟大的作品。

布罗德于一九二五年出版了这本小说，作为卡夫卡遗稿中第一本出版的作品，他让这本小说看起来像是已经完成的作品，未收入明显尚未完成的篇章，而这也不难理解。虽然布罗德在后来发行的版本中逐渐又收录了这些文字，但各国文字的译本仍然是依照第一个版本，在这个版本中避开了“所有彰显出残稿性质的部分”(语出布罗德第二个版本的后记)，这些译本在二十世纪三十和四十年代让这本小说成为举世知名的作品。

卡夫卡写作这本小说的方式对他来说非属典型。本来，从一九一二年起，他就习惯在没有事先加以计划的情况下，从一个明确的场景开始，严格地“以直线方式”发展他的故事，让故事的主要情节最后一步一步地自行决定。然而，在写作篇幅较长的作品时，这种创作方式就会有离题的危险：例如，在写作创作时间更早的《失踪者》（*Der Verschollene*）时，卡夫卡就曾抱怨，说那部小说“向四处奔散”。就《审判》而言，他在写下开头一章的同时也写下了结尾那一章；这一次，已经确定的终点应该要让故事能笔直地通往终点。可是，在主角被捕和遭到处决之间的故事中，卡夫卡也没有真正“以直线方式”来发展，而是把一连串的个别篇章或这些篇章的开头连接在一起，作为约瑟夫·K饱受折磨的那一年当中所经过的种种阶段，而且这连接往往相当松散。而这些篇章的写作顺序也未必符合事件发生的先后顺序。相反地，卡夫卡写这本小说时一再从不同的地方切入，有时把已经起了头的这一章继续往下写，有时则把另一章继续往下写，有时又另起一章，乃至于他手中始终同时有好几条线在进行，而他试图交替地把它们继续发展下去。基本上，他似乎决定采用一种“部分建构的方式”，如同他后来在短篇故事《万里长城建造时》中所述的那样。最终，在小说的每一章里，他按照自己发展文本的惯用原则，采用那种向前摸索、即兴式的发展方式。

这部小说是写在十册四开本的簿子里，卡夫卡有时也把这些簿子用来写作其他故事或写日记。从这些簿子里，他再把这本小说散记在各处的部分挑出来，分成个别的篇章，收集成手稿。为了保存这叠文稿，他用了两个不同的办法，把已经完成的篇章和尚未结束的篇章分别保存。根据作者将手稿分开的这种方式，本书中将构成《审判》的文本分成两部分："章"和"残稿"（关于在这两个部分里，各章的先后顺序，请参考一九九〇年发行之校勘版中《审判》一书的参考资料）。

本书中保留了作者手稿在某种程度上的非正式性质，没有试图把手稿文字修得更干净平顺，这是此一版本与布罗德发行之版本最明显的差异，布罗德发行的版本从一九三五年起所遵循的原则就是："让标点、拼写和句法结构符合一般使用德文的习惯"（二版后记）。

最后，特别值得提出来的是两处不恰当的校正，在此一版本中已经取消。第一处是关于约瑟夫·K前往行刑地的途中。那两位押解他的先生此刻容许他来决定行走的方向，而他根据在他们前方那位小姐所走的方向来决定。不是因为他想要赶上她，也不是因为他想尽可能久地看着她，而只是为了不要忘记她所意味的提醒。

> "'现在我唯一能做的，'他对自己说，而他和另外那三人的规律步伐证实了他的想法，'现在我唯一能做的，是直到最后都保持冷静分析的理智。'"

布罗德在此处把“三人”改成了“两人”，这一改意义重大，因为这减少了布斯特娜小姐在此一重要段落对约瑟夫·K的意义。第二处是关于“在大教堂”那一章里提到的一个时间，在该处卡夫卡写道：

“K准时抵达，他进来的时候钟正敲响十一下，那个意大利人却还不见踪影。”

在此处，布罗德把“十一”改成了“十”，显然又是以为作者写错了。然而，这一改又错看了那种神秘的“时间滑动”，在这一章里，一如在“初审”那一章里一样，这种“时间滑动”暗示着从公领域到私领域之间的过渡。但是按照约瑟夫·K“个人的时间计算”那时是十点：他在大教堂里消磨了一个小时之后，他自己的表才指到十一点（在小说中，叙述者明白地这样告诉我们）。这是个在卡夫卡作品中一再出现的主题，不仅在他的文学作品中，也在他的生活文献中。例如，他在一篇短文《一则短评》（Ein Kommentar）中（参见《〈那对夫妇〉和出自遗稿之其他文章》该册）写道：

“当我比较一座钟塔和我的表，我看出时间比我所以为的要晚得多……”

他曾在日记里写道：

“时钟之间互不一致，内在的时钟以一种魔鬼般或恶魔般或至少是非人的方式向前飞奔，外在的时钟以平常的步伐缓缓前进。”

就在卡夫卡写作“在大教堂”那一章时，他在下面这段写于一九一五年一月二十四日的日记里，以令人惊讶的方式解释了“个人的时钟时间”的字面意思：

“我想过一种幻想的生活，只顾及我的写作，对此我不做任何退让，她（菲莉丝·包尔）想过一般的生活，不为所动地抗拒我所有无言的央求，她想要舒适的住宅，她的兴趣在于工厂、丰盛的食物、夜里十一点就寝、有暖气的房间，把我从四分之一年前就快了一又二分之一小时的表调到实际的时间。”

导读

落后于时间

赵晓力①

“一片夹杂着烟尘的雾气以整面窗户的高度和宽度吹进来，让房间里弥漫着一股淡淡的燃烧气味，几片雪花也被吹了进来。‘讨厌的秋天，’那个厂主在K背后说……”

当一个人对着几片雪花说“讨厌的秋天”的时候，那意味着什么呢？

一

1990年，麦尔坎·帕斯里（Malcolm Pasley）依据卡夫卡的手稿对布罗德版《审判》“在大教堂”那一章做

---

① 赵晓力，清华大学法学院副教授。

出了一个重要修正："K准时抵达，他进来的时候钟正敲响十一下，那个意大利人却还不见踪影。"——卡夫卡的手稿上写的是钟敲了"十一"下，布罗德改成了"十"下。

表面上看，布罗德的改动似乎很有道理。因为此前意大利人和K约在大教堂见面的时间是"两个小时后，大约在十点钟"。"十一"是卡夫卡的笔误。

帕斯里指出，布罗德没有意识到，在这部小说中，公共时间和K的个人时间并不一致。K遵守的个人时间比公共时间落后约一个小时。①

在"在大教堂"这一章中，"K在七点钟就已经来到办公室"，本来打算在上班之前做点与会见意大利人无关的事情——但七点钟是他的个人时间，按照公共时间此时已八点，上班时间已到。行长派人来叫，意大利客户来了，让他马上到接待室去。

意大利人和K约好十点钟左右到达大教堂。这当然是公共时间，文中特地写明："意大利人看看时钟。"

K从办公室出发的时间是九点半。这是K的个人时

① 见本书麦尔坎·帕斯里"《审判》手稿版后记"。

间，公共时间已是十点半。当K走进教堂的时候钟正敲十一下。大教堂遵循的是公共时间。K没有遇到意大利人。他心想："难道是行长把时间听错了吗？谁又能正确听懂这个人讲话？"但是，行长的意大利语比K好很多，怎么可能把时间听错呢？错的是K。

也许意大利人来了又走了，也许意大利人根本就没有来。但正如神父后来所说，这都无关紧要，因为意大利人在这里扮演的只是一个引导者的角色——把K引导到大教堂。

二

参观大教堂的是K。对于K在翼廊碰到的那位老妇人，教堂还是教堂：老妇人跪倒在一幅圣母像面前，"凝视着那幅画像"。但对K而言，大教堂并没有宗教涵义。K曾经是市艺术古迹保存协会的成员，他之所以被派来陪那个意大利客户，是因为他"具有一些艺术史方面的知识"，而那个客户据说也爱好艺术。陪同意大利客户参观大教堂并不直接和银行业务有关，而仅仅是一项维护客户关系的社交义务。但K仍然像对待业务工作一样，花了大半夜的时间研究意大利文法，去见意大利人的时候还带了一本城中名胜的相册。

天气阴暗，教堂工友点燃的蜡烛不足以照亮那些祭坛上的圣坛画像。好在 K 在字典、相册之外还带着手电筒。为了试验用手电筒能看见什么，K 用手电筒照向一幅圣坛画像：

> 长明灯的烛光在前面摇晃，干扰了视线。K 首先看到——一半是猜的——一个身穿铠甲的高大骑士，被画在那张画的最边缘。他拄着他的剑，剑身插在面前光秃秃的土地上，只有几根草零零落落地冒出来。他像是专注地观察一个在他面前进行的事件。令人奇怪的是，他就这样站在那里，并没有靠近出事的地点——也许他只是被派来守卫的。……等他让光线扫过那幅画的其余部分，他发现这是一幅习见的基督入墓图，此外这是幅年代比较近的画。

这幅基督入墓图涉及三个时间。首先是基督入墓的时间，K 所在世界的历法，以这个时间为起点。但一般的基督入墓图中并无骑士，骑士是中世纪才有的。K 最后发现的是这幅画创作的时间，这是一幅现时代的画作。看到这里，他丧失了全部兴趣。

这幅基督入墓图的作者也许是个和法院画家提托瑞

里类似的角色。他把基督和骑士画在同一幅画里，让拄剑的骑士守卫着入墓的基督。时间之初的基督和历史中的骑士都被纳入了现代，变成了看守和被看守的关系。正如教堂也被纳入了现代，成为城市中的一处名胜古迹。

但这还不是全部。教堂对于那位老妇人还是教堂，对于意大利客户是名胜古迹，对于K是什么呢？

监狱。因为K将在这里遇见监狱神父。

三

这里我们需要停下来讨论一下《审判》各章的编排。无论是布罗德版还是帕斯里编辑的1990年手稿版，“在大教堂”这一章都被编排在“结局”（K被处死）之前的倒数第二章。这种编排其实并不符合卡夫卡文中留下的时间线索。

K被“逮捕”之后，“和古鲁巴赫太太及布斯特娜小姐的谈话”这一章开头明确说时令是春天。“初审”是在逮捕十天之后的一个星期日。“在空荡荡的审讯室里/大学生/办事处”这一章是在下一个星期日，办事处的女孩告诉K：“太阳照在屋梁上，把木头晒热了，空气变得污浊而沉重。”显示时令已经入夏。下一章，“打手”“穿着一件深色皮衣，从脖子直到胸前下方都裸着，两条手臂也完全赤裸”。“叔叔/蕾妮”这一章里，叔叔手里拿着一顶“压凹的巴拿马草帽”。这都是夏天的装束。

以上编排都没有问题，但以上两个版本把“律师/厂主/画家”这一章编排在“叔叔/蕾妮”一章之后并不合理。这一章的开头明确无误地写到：“一个冬日上午——外面的雪花在黯淡的光线中落下。”当 K 打开窗户，“一片夹杂着烟尘的雾气以整面窗户的高度和宽度吹进来，让房间里弥漫着一股淡淡的燃烧气味，几片雪花也被吹了进来。‘讨厌的秋天，’那个厂主在 K 背后说……”

布罗德版和 1990 年手稿版可能是根据厂主的这句话判断此章的时令是秋天。但是，如果我们明白 K 已经落后于时间，我们当然可以想到，落后于时间的并非 K 一人。如果说 K 落后于时钟，那么厂主就是落后于季节。

K 的叔叔甚至落后于时代。这位二十年前的法科大学生，胡德律师的同学，一个乡下小地主，“已经在乡下住了快二十年”。他行为粗鲁，说话大声，从走进 K 办公室的那一刻起，处处让 K 感到难堪。在胡德律师家，蕾妮走出律师的房间后，叔叔低声说：“我敢打赌她在偷听。”他冲向门边，但门后什么人也没有。叔叔走回来，不是失望，而是不满，因为在他看来，她没有偷听是一种更大的恶意。

叔叔以二十年前对待女仆的态度对待蕾妮。他不知道，蕾妮现在是无所不在的法院的一部分。她需要偷听他们吗？在“大教堂”那一章里，K九点半准备去大教堂的时候，蕾妮打过一个电话，告诉K“他们在追捕你”。

在卡夫卡已写完的章节里，接“叔叔/蕾妮”这一章的应该是“在大教堂”这一章。这章开头就说，季节是“多雨的秋天”，K刚刚出差回来，去大教堂那一天也在刮风下雨。

帕斯里从卡夫卡的手稿中发现，卡夫卡写下头一章“逮捕”的同时就写下了“结局”那一章，手稿中这两章每页的平均字数都是200字。从1914年8月到10月，除开头结尾两章，卡夫卡还完成了“初审”“和古鲁巴赫太太及布斯特娜小姐的谈话”“在空荡荡的审讯室里/大学生/办事处”“叔叔/蕾妮”“打手”这些章节，但是，“律师/厂主/画家”“在大教堂”和“商人布罗克/解聘律师”这三章都只完成了一部分。其中，“律师/厂主/画家”这一章写到了K准备离开银行到画家提托瑞里那儿；“商人布罗克/解聘律师”这一章写完了K与布罗克的谈话，准备进到律师的房间去解聘他；“在大教堂”这一章则写到了神父问 K："你知道你的官司情况不佳吗？"①

《审判》写作的第一阶段停顿在这里。这时候的手稿有 200 页。到 1915 年 1 月底卡夫卡最终搁置这部未完成作品之前，手稿中只增加了 80 页左右。帕斯里猜测，"在法的门前"这个故事是艰难的第二阶段创作中的一道闪光，这个故事为"在大教堂"这一章画上了句号。②我们的猜测是，这个故事也是"画家"那一部分和"解聘律师"那一部分的灵感。把"在大教堂"（秋天）这一章放在"律师/厂主/画家"（冬天）和"商人布罗克/解聘律师"这两章之前，不光在时令上更为合理，也符合卡夫卡的整个创作计划。③

四

在神父讲述"在法的门前"这个故事之前，K 的私人时间和公共时间的不一致，以及由此带来的私人空间

---

① Pasley, Malcolm. "Kafka's Der Process?: What the Manuscript Can Tell Us." Oxford German Studies 18/19, no. 1 (1989): 109—18.

② Ibid.

③ Christian Eschweiler 编辑的《审判》德文版也将"在大教堂"一章提前到"律师/厂主/画家"之前。参见：http://www.christian-eschweiler.com/index.php/buch-der-prozess-neu.html。感谢清华大学外文系高瑾老师帮我查找到这个信息。

和公共空间的混同，不时将K置于错乱之中。比如在第一章，K在应该吃早餐的时候被捕，布斯特娜小姐的房间变成了审讯室。当然，在此之前，这种私人时间/空间和公共时间/空间的混同早已以一种K没有觉察的方式发生了：

这个春天，晚上的时间K习惯这样度过：在下班之后，如果还可能的话——他通常在办公室里一直待到九点——独自一人，或是跟熟人一起，散一小会儿步，然后去一家啤酒屋，在固定的一张桌子旁，跟固定相聚的几位先生同桌而坐，他们大多比他年长，通常坐到十一点。不过，这种安排也有例外，例如，当K被银行行长邀请去搭车兜风，或是到他的别墅共进晚餐，行长很赏识K的工作能力和可靠。此外，每星期K会到一个名叫艾尔莎的女孩那儿去，从深夜到清晨她在一家酒馆当服务生，白天则只在床上见客。

K下班之后的时间并不完全属于他。当然，人人如此。艾尔莎晚上在酒馆当服务生，白天在床上接客，让人甚至怀疑她是否有自己的私人时间和空间。

在大教堂，那个跛行的教堂工友接替意大利人把K引导到小布道坛。K“看看表，时间是十一点”。K自己的手表上显示的是他的私人时间。但是，这个由于意大利客户“爽约”造成的时间空档真的属于K吗？在K小心移动，快要走出大教堂的时候，神父大声喊出了他的名字：“约瑟夫·K！”

如果K充耳不闻，“这只会表示他没有听懂，或是他虽然听懂了，却不想理会。可是他一旦转身，就被留住了，因为那就等于承认他听得很清楚，承认他的确是那个被喊的人，承认他也想听从”。然而K还是转身了。正如神父所讲的“在法的门前”那个故事里，守门人并没有要求乡下人进入法的大门，是乡下人终其一生要进入法的大门。

K对“在法的门前”这个故事的第一反应是守门人欺骗了乡下人。但神父说这么理解需要一个前提：“针对进入法律的许可，故事中包含了守门人所做的两个重要解释，一个在开头，一个在结尾。一处说的是：‘现在他不能允许他进入’，另一处是：‘这个入口是专门为你而设的。’假如这两个解释之间互相矛盾，那么你就可以说守门人欺骗了那人。”

如果把守门人“现在”不能允许乡下人进入，解释为在“将来”有一天他总会允许乡下人进入，然后这道门还会迎来其他的进入者，那么，乡下人终其一生没有进入法的大门，就是一种欺骗。但是，这种解释与“这个入口是专门为你而设的”这句话矛盾。“专门”的意思是这个门是专属于乡下人一个人的，而并不是什么公共的法的大门。正如乡下人在临死前发现的，在他一生之中，除了他并没有别人要求进入这道门。在一个专门为他所设的门前，所谓现在就意味着将来，时间已经失去意义，私人时间和公共时间的区分也变得无关紧要。

然而这个故事的寓意还不止于此。神父还给出了有人对故事的另一种理解，那就是受到欺骗的是守门人而不是乡下人。守门人错误地认为乡下人受自己的支配，但事实是他自己一生被乡下人所支配，因为乡下人除了不能进入大门哪儿都可以去，而守门人由于职责所限却不能离开这道大门；守门人还错误地理解了他的职责，他最后说“现在我要走过去把它关上”，他误以为随着乡下人的死亡，他就可以把那道大门关上，但实际上大门永远是敞开的，并不受乡下人生命长度的影响；最后，守门人背对大门而立，他甚至不能像乡下人那样觉察到大门里射出的光线的变化。

K接受了神父提供的这种理解，但他坚持认为，这和乡下人也受骗了并不矛盾：“如果守门人被骗了，那么他的错觉就势必会传染给那个人。在这种情况下，这个守门人虽然不是骗子，但却如此头脑简单，应该立刻就被免职。”K 对守门人的这种理解，可以视为他解雇律师的一个动机。

五

K 从画家提托瑞里那里得知，释放有三种可能：真正的无罪释放，表面上的无罪释放，以及拖延。表面上的无罪释放，画家就能办：“如果这是你想要的，我就在一张纸上写下证明，证明你无辜。我父亲留给了我这种证明的写法，而且完全无懈可击。”看来厂主就是从画家这里得到了表面上的无罪释放证明，正是这是落后于季节的厂主把 K 介绍到画家这里来的。至于拖延，“是将官司持续保持在最低层的阶段。要达到这一点，被告和协助者必须和法院不断保持接触，尤其是协助者”。商人布罗克得到的是拖延，他的个人诉讼已有五年多了，律师胡德只是他的协助者之一，除此之外，他还聘请了五个小律师，并且正在和第六个洽谈。至于真正的无罪释放，见多识广的画家告诉 K：“真正的无罪释放我连一次也没经历过。”

“所以说不曾有过一次无罪释放，”K 说，仿佛是在自言自语，在和他的希望说话，“但是这却证实了我原先对法院的看法。也就是说，就这一方面而言，法院也毫无意义。一个刽子手就足以取代整个法院。”

K没有从画家那里寻求“虚假的无罪释放”证明，然后又解雇了律师胡德，放弃了他一直身处其中的“拖延”——他落后于公共时间的手表上的时间，原来是“拖延”的一个证明。他最后的选择是：用刽子手来取代整个法院。

K三十一岁生日前一天晚上九点钟，两名刽子手来到K的住处。虽然没有得到任何来访的通知，K却“坐在门边一张椅子上”，“一副在等候客人的样子”。显然，K的私人时间终于赶上了公共时间，拖延结束了。他和刽子手穿着同样的礼服，甚至还戴着一副新手套。这和他在开头，在三十岁生日那天早上八点被逮捕的时候仅穿着睡衣形成对照。这次，K在刽子手到来之前，就把自己的房间变成了一个公共场所。

在采石场，两个刽子手将屠刀推来让去客套的时候，K明白自己有义务抓住这把在他头上晃来晃去的刀子，往自己身上戳下去。但他没有这么做，而是转动着他那仍然自由的脖子，四处张望。他没能彻底证明自己，不能代替政府机关把所有的工作都做了，这样做需要残存的力气，没给他这份力气的那个人要承担最后这件错误的责任。

他没有选择像布罗克那样，“四肢着地在地上爬”，做律师的狗，拖延下去，永远落后于时间。但是，死意味着真正的无罪释放吗？“像一条狗”，刽子手最后说——法的大门仍然敞开，K 的羞耻仍将长存人间。

法兰兹·卡夫卡年表

一八八三年	法兰兹·卡夫卡于七月三日在布拉格出生，是商人赫曼·卡夫卡和妻子茱莉（娘家姓氏为勒维）的第一个孩子。
一八八九至一九〇一年	先于肉品市场旁的国民小学就读，一八九三年进入旧城区的德语中学，一九〇一年夏天中学毕业。
一九〇一至一九〇六年	就读于布拉格的德语大学；起初修习化学、德语文学及艺术史课程，后来改读法律。
一九〇二年	十月时与马克斯·布罗德首次相遇。
一九〇四年	开始写作《一次战斗纪实》的初稿。
一九〇六年	于六月获得法学博士学位。
一九〇六至一九〇七年	在地方法院及刑事法院实习。
一九〇七至一九〇八年	着手写作《乡村婚礼筹备》的初稿。
一九〇七年	任职于布拉格的“忠利保险公司”。

一九〇八年	三月时首度发表作品：在双月刊《西培里翁》（*Hyperion*）发表了几篇短篇散文，均以《观察》为题；七月三十日进入“波西米亚王国布拉格劳工事故保险局”任职。
一九〇九年	于初夏开始写札记；九月时和布罗德兄弟一同去意大利北部旅行，随后在布拉格的《波西米亚日报》（*Bohemia*）发表了《布瑞西亚观飞机记》；秋天时开始写《一次战斗纪实》的第二个版本。
一九一〇年	三月底在《波西米亚日报》发表了几篇以《观察》为题的短篇散文；十月时和布罗德兄弟前往巴黎旅行。
一九一一年	夏天时和马克斯·布罗德前往瑞士、北意大利和巴黎旅行；九月底时在苏黎世附近的“艾伦巴赫疗养院”休养；遇见一个曾在布拉格演出数月的意第绪语（即犹太德语）剧团。
一九一二年	夏天时和马克斯·布罗德前往莱比锡和威玛旅行，随后在哈茨山区施塔伯尔堡附近的“容波恩自然疗养院”短期休养；八月时和菲莉丝·包尔在布拉格首度相遇，九月时开始和她通信；写出的作品包括《判决》和《变形记》，卡夫卡同时开始创作长篇小说《失踪者》（一九二七年由马克斯·布罗德以《美国》为题首度出版）；十二月时卡夫卡的第一本书《观察》出版（由莱比锡的恩斯特·罗沃特出版社出版）。

一九一三年	和菲莉丝密集通信；五月底时《司炉：未完成的文稿》（《失踪者》的第一章）在库特·沃尔夫出版社的“最新一日”（Der jüngste Tag）系列中出版；六月时《判决》在年刊《乐土》（*Arkadia*）中发表；九月时前往维也纳、威尼斯及里瓦旅行。
一九一四年	六月一日和菲莉丝在柏林订婚，七月十二日解除婚约；七月时经由德国北部吕北克前往丹麦的玛丽里斯特旅行；八月初开始写作小说《审判》；在接下来这段创作丰富的时间里，卡夫卡还写了《在流放地》等短篇故事。
一九一五年	一月时，在解除婚约后首次和菲莉丝见面；《变形记》发表于十月号的《白色书页》杂志（*Die Weien Blätter*）；获颁“冯唐纳文学奖”的卡尔·史登海姆（Carl Sternheim）把奖金转赠给卡夫卡，作为对他的肯定。
一九一六年	和菲莉丝的关系再度亲密，七月时两人一同前往玛丽亚温泉镇（Marienbad，亦称马伦巴）度假；开始用八开的笔记簿素描；十一月，《判决》在库特·沃尔夫出版社的“最新一日”系列中出版。
一九一六至一九一七年	在位于冶金术士巷的工作室里完成了许多短篇作品（主要包括后来收录在《乡村医生》中的作品）。
一九一七至一九一八年	七月时和菲莉丝二度订婚；八月时首度发现染患肺病的征兆，九月四日诊断为肺结核；十二月时二度解除婚约。
一九一七至一九一八年	在波西米亚北部的屈劳度过一段休养假期，住在一间农舍里，由妹妹欧特拉料理家务；写了许多警句。

一九一九年	夏天时和茱莉·沃里契克订婚；《在流放地》于秋天在库特·沃尔夫出版社出版；十一月时完成《给父亲的信》。
一九二〇年	四月时在意大利梅朗度过疗养假期；开始和米莲娜·叶辛斯卡通信；春天时在库特·沃尔夫出版社出版了短篇故事集《乡村医生》；七月时解除了和茱莉·沃里契克的婚约。
一九二〇至一九二一年	在塔特拉山的马特里亚里疗养（从一九二〇年十二月至一九二一年八月）。
一九二一年	从一月底至二月中停留在巨人山脉的史宾德·米勒；开始写作小说《城堡》；此外还完成《饥饿艺术家》等短篇作品；七月一日卡夫卡从“劳工事故保险局”退休；六月底至九月在波西米亚森林鲁许尼兹河畔的普拉那度过。
一九二三年	七月时在波罗的海的滨海小镇米里兹和朵拉·迪亚芒首度相遇；九月时从布拉格迁至柏林，和朵拉共同生活；写出《一个矮小的女人》等作品。
一九二四年	健康情形恶化；三月时回到布拉格；完成《女歌手约瑟芬或老鼠民族》；四月时住进奥地利欧特曼一地的“维也纳森林疗养院”，随后被送至维也纳“哈谢克教授医院”，最后住进维也纳附近奇尔林一地的“霍夫曼医师疗养院”；卡夫卡开始校订他的故事集《饥饿艺术家》；六月三日卡夫卡去世；六月十一日葬于布拉格城郊史特拉许尼兹的犹太墓园。

图书在版编目(CIP)数据

审判/(奥)卡夫卡著;姬健梅译.—北京:北京大学出版社,2016.5

ISBN 978-7-301-26794-3

Ⅰ.①审… Ⅱ.①卡… ②姬… Ⅲ.①法律—文集 Ⅳ.①D9-53

中国版本图书馆CIP数据核字(2016)第009761号

本书简体中文版翻译由台湾远足文化事业股份有限公司/漫步文化授权。

书　　名	审判 Shenpan
著作责任者	〔奥〕卡夫卡　著　姬健梅　译
责任编辑	白丽丽
标准书号	ISBN 978-7-301-26794-3
出版发行	北京大学出版社
地　　址	北京市海淀区成府路205号　100871
网　　址	http://www.pup.cn
电子信箱	law@pup.pku.edu.cn
新浪微博	@北京大学出版社　@北大出版社法律图书
电　　话	邮购部62752015　发行部62750672 编辑部62752027
印 刷 者	北京中科印刷有限公司
经 销 者	新华书店
	880毫米×1230毫米　A5　11印张　184千字 2016年5月第1版　2021年1月第8次印刷
定　　价	39.00元